DIE SCHÖNSTEN BAUTEN DER 50ER-JAHRE

Schweizer Architektur im Jahrzehnt des Aufschwungs

LES PLUS BEAUX BÂTIMENTS DES ANNÉES 50

L'architecture suisse de la décennie de l'envol

Vorwort

Nach dem Zweiten Weltkrieg erregte die Schweizer Architekturentwicklung in ganz Europa Aufmerksamkeit. Die Verbindung von Tradition und Moderne löste Bewunderung aus, die handwerkliche und bautechnische Sorgfalt galt als vorbildlich.

Es gibt eine grosse Anzahl herausragender Objekte aus den 50er-Jahren. Die Auswahl in diesem Büchlein will nicht möglichst viele davon vorstellen, sondern konzentriert sich auf diejenigen herausragenden Gebäude, die sich als Ausflugs- oder Etappenziel für Architekturinteressierte anbieten. Trotzdem werden die meisten Regionen der Schweiz und die wesentlichen Bautypen berücksichtigt. Da Einfamilien- und Ferienhäuser meist nicht öffentlich zugänglich sind, fanden diese keine Aufnahme in die Auswahl, obwohl sie eine besonders zeittypische Baugattung darstellen.

Mit der vorliegenden Publikation möchten wir Ihre Lust auf eine Entdeckungsreise zu den beschriebenen Gebäuden wecken und Sie dazu anregen, den Blick für die besondere Ästhetik und Qualität der Nachkriegsarchitektur zu schärfen. Wird die Baukultur der 50er-Jahre schätzen gelernt und in ihrer Bedeutung verstanden, ist ein erster Schritt zum Erhalt der wichtigen Baudenkmäler dieser Zeit getan.

Schweizer Heimatschutz, Peter Egli

Préambule

Au lendemain de la Deuxième guerre mondiale, l'évolution de l'architecture suisse attirait l'attention dans toute l'Europe. On y admirait l'alliance de tradition et de modernité, et jugeait exemplaire le soin voué aux activités artisanales et aux techniques du bâti.

Il existe dans notre pays une multitude d'objets remarquables des années 50. La sélection opérée dans le présent fascicule ne prétend pas en présenter le plus grand nombre possible, mais se concentre sur quelques bâtiments de qualité que les passionnés d'architecture pourront facilement choisir comme buts d'excursion. La plupart des régions de Suisse et les principaux types de construction ont été pris en considération. Comme les maisons familiales et de vacances ne sont généralement pas accessibles au public, nous ne les avons pas intégrées dans notre sélection, quand bien même elles représentent une catégorie de bâtiments particulièrement typique de cette période.

Par la publication de ce petit ouvrage, nous souhaitons vous donner l'envie de partir à la découverte des bâtiments décrits et vous inciter à aiguiser votre regard pour l'esthétique et la qualité particulière de l'architecture d'après-guerre. Si l'on se met à apprécier la culture du bâti des années 50 et à comprendre le rôle qu'elle joue dans l'histoire de l'architecture, un premier pas aura été fait vers la sauvegarde des plus précieux témoins du patrimoine bâti de cette époque.

Patrimoine suisse, Peter Egli

Die Architektur der 50er-Jahre

Die 50er-Jahre gelten als Jahrzehnt des Aufschwungs und beginnenden Wohlstands. Die Krisenjahre sind überwunden, eine euphorische Aufbruchstimmung prägt das Leben und widerspiegelt sich in einer heiteren, leichten, feingliedrigen Architektur.

Die Wurzeln dieses neuen architektonischen Ausdrucks reichen zurück in die Zeit, als die Schweiz ganz im Banne der geistigen Landesverteidigung 1939 an der Landesausstellung in Zürich (Landi) eine einheitliche Gesinnung demonstrierte. Die Ausstellungsarchitektur gilt als Beginn einer neuen Architekturepoche, die bis in die 60er-Jahre ausstrahlte.

Charakteristisch für die 50er-Jahre ist die Verbindung von Tradition und Moderne. Sie zeigt die Abkehr von der avantgardistischen, kühlen Architektur des Neuen Bauens hin zu einer gemässigten Moderne.

Typisch ist die Vorliebe für einheimische Materialien und handwerkliche Details. Anstelle von glatten Betonmauern tritt das Spiel mit verschiedenen Materialien und Musterungen. Rasterfassaden (a), Flugdächer (b) und elegant geschwungene Wendeltreppen mit filigranen Geländern (c) sind die bekanntesten Gestaltungsmerkmale. Ensembles mit freistehenden oder zusammengefügten Teilbauten ersetzten die bis anhin üblichen Einzelbauten. Der Aussenraum wird mittels überdachter Vorbereiche eng mit den Baukörpern verwoben.

Gegen Ende des Jahrzehnts brachte die fortlaufende technische Entwicklung in den Bereichen Vorfabrikation und Standardisierung neue Impulse, vor allem im Wohnungsbau. Neue Überbauungen griffen mit typischen Merkmalen wie Betonskelett und Flachdach vermehrt zurück auf die Architektur des Neuen Bauens. Die Bauten wurden nicht mehr durch die regionalen Gegebenheiten des Ortes definiert, sondern folgten mehr und mehr einem strengen, meist orthogonalen Raster. Die Architektur glich sich über die Landesgrenzen hinaus an und es entwickelte sich ein internationaler modernistischer Stil.

L'architecture des années 50

Les années 50 évoquent dans la mémoire collective une décennie d'essor économique et de prospérité naissante. Les années de crise sont surmontées, la vie respire l'euphorie des grands départs – qui se reflète dans une architecture joyeuse, légère et finement structurée.

Les origines de cette nouvelle expression architectonique remontent à l'époque de l'Exposition nationale de Zurich de 1939, la Landi, empreinte de l'esprit de Défense nationale. L'architecture de l'exposition est considérée comme le début d'une ère architecturale nouvelle qui rayonnera jusque dans les années 60.

L'architecture des années 50 jette un pont entre la tradition et l'époque moderne. Elle se détourne de la froide architecture avant-gardiste du Mouvement Moderne (Neues Bauen, première moitié du XXe siècle) pour adopter un style plus joyeux et modéré.

Elle affiche une prédilection pour les matériaux indigènes et les détails artisanaux. Les murs de béton lisses font place aux combinaisons de matériaux et de motifs. Les façades structurées (a), les toits aériens (b) et les élégants escaliers hélicoïdaux avec leurs mains courantes légères (c) en sont les éléments typiques les plus connus. Des modules isolés ou reliés entre eux remplacent les corps de bâtiment uniques. Les alentours sont intimement liés aux constructions par des espaces intermédiaires couverts d'avant-toits.

Vers la fin de la décennie, le progrès technique dans les domaines de la préfabrication et de la standardisation est source d'impulsions novatrices, surtout dans l'architecture de l'habitat. Les nouveaux lotissements se réfèrent toujours plus fréquemment à l'architecture du Neues Bauen, par des éléments caractéristiques tels que le squelette en béton ou le toit plat. Les constructions ne se définissent plus en fonction des données locales, mais suivent toujours plus étroitement un schéma strict, généralement orthogonal. Par delà les frontières, l'architecture s'uniformise et l'on voit se développer progressivement un style moderne international.

Aufschwung
L'envol

Mit einer mehrjährigen Kampagne zur Architektur der 50er-Jahre bringt der Schweizer Heimatschutz einer breiten Öffentlichkeit die Baukultur der Nachkriegszeit (1945 bis ca. 1965) näher und verleiht den Baudenkmälern dieser Epoche mehr Gewicht. Nach wie vor führt das schlechte Image dieser Architektur zu unwiederbringlichen Verlusten, sei es durch unsensible Sanierungen oder gar Totalabbrüche. Diesem Trend soll mit der Kampagne «Aufschwung» entgegengewirkt werden.
Der vorliegende Architekturführer entstand im Rahmen dieser Kampagne.

www.heimatschutz.ch/aufschwung

Patrimoine suisse consacre une campagne de plusieurs années à l'architecture des années 50 en vue de familiariser un large public avec la culture architecturale de l'après-guerre (1945–65 environ) et d'attirer l'attention sur l'importance du patrimoine bâti de cette époque. L'image défavorable qui s'attache à l'architecture d'après-guerre entraîne aujourd'hui encore des pertes irrémédiables, que ce soit le fait de transformations malhabiles voire même de destructions complètes. La campagne intitulée «L'envol» veut combattre cette tendance.
Le guide architectural que vous tenez en main s'inscrit dans ce cadre.

www.patrimoinesuisse.ch/envol

Bild/photo: Cinéma «Paris-Manhattan», aujourd'hui «Auditorium Arditi-Wilsdorf», Genève (vgl./voir no 08)

Inhalt
Table des matières

WESTSCHWEIZ / SUISSE ROMANDE

Siège mondial de Nestlé 10
Vevey VD
Stade olympique de la Pontaise 12
Lausanne VD
**Bâtiment administratif
Vaudoise Assurances** 13
Lausanne VD
Fabrique Eternit SA 14
Payerne VD
**Patinoire du centre sportif des
Vernets** 16
Les Acacias GE
**Ecole et centre pédagogique
de Geisendorf** 17
Genève GE
Tours de Carouge 18
Carouge GE
Mont-Blanc Centre 20
Genève GE
Immeubles Numaga 21
La Chaux-de-Fonds NE
Immeuble Gare 10 / Serre 4 22
Neuchâtel NE
Chapelle de Montcroix 23
Delémont JU

**Cité paroissiale et église
du Christ-Roi** 24
Fribourg FR
Banque cantonale du Valais 26
Sion VS
Barrage de la Grande Dixence 27
Hérémence VS

NORDWESTSCHWEIZ MIT KANTON
BERN / NORD-OUEST DE LA SUISSE
ET CANTON DE BERNE

Tröckneturm 28
Burgdorf BE
**Eidgenössische Turn- und
Sportschule** 30
Magglingen BE
Siedlung Halen 31
Herrenschwanden BE
**Eidgenössische
Oberzolldirektion** 32
Bern BE
Parktheater 34
Grenchen SO
Solothurner Kantonalbank 35
Solothurn SO
**Rundhofhalle der
Schweizer Mustermesse** 36
Basel BS

22 Domus Haus 38
Basel BS

23 Siedlung «In den Gartenhöfen» 39
Reinach BL

24 Kraftwerk Birsfelden 40
Birsfelden BL

25 Kurtheater 42
Baden AG

26 Ehemaliges Gemeinschafts- 43
haus der BBC
Baden AG

ZENTRALSCHWEIZ UND TESSIN
SUISSE CENTRALE ET TESSIN

27 Zentral- und 44
Hochschulbibliothek
Luzern LU

28 Wohnturm Fanghöfli 45
Littau LU

29 Schulhaus Matt 46
Hergiswil NW

30 Hotel Rigi Kulm 48
Rigi Kulm SZ

31 Dätwyler AG 49
Altdorf UR

32 Zuger Kantonalbank 50
Zug ZG

33 Terrassenhäuser 51
Zug ZG

34 Nuovo Palazzo del Governo 52
Bellinzona TI

35 Scuola media 1 53
Bellinzona TI

36 Palazzo e Cinema Corso 54
Lugano TI

37 Albergo Arizona 55
Lugano TI

OSTSCHWEIZ UND GRAUBÜNDEN
SUISSE ORIENTALE ET GRISONS

38 Seewerkzentrale Zervreila 56
Vals GR

39 Verwaltungsgebäude und 58
Forschungslabor der Eternit AG
Niederurnen GL

40 Kunsthaus Glarus 60
Glarus GL

41 Hochschule für Wirtschafts- 61
und Sozialwissenschaften HSG
St. Gallen SG

42 Fabrikationshalle der 62
Gummibandweberei
Gossau SG

43 Kursaal 64
Heiden AR

44 Katholische Kirche St. Peter 65
und Paul
Sulgen TG

45 Saurerhochhaus 66
Arbon TG

46 Wohnhaus mit Kino Cinévox 67
Neuhausen am Rheinfall SH

47 Wohnsiedlung Heiligfeld und 68
Hochhäuser am Letzigraben
Zürich ZH

48 Kantonsschule Freudenberg 70
Zürich ZH

49 Schwesternhochhaus 71
Kantonsspital
Zürich ZH

50 Verwaltungsgebäude der 72
Zellweger AG
Uster ZH

Siège mondial de Nestlé VD

Avenue Nestlé 55, En Bergère,
1800 Vevey
De la gare de Vevey, bus no 1, 2, 12 ou 13
jusqu'à l'arrêt «Bergère»

1957–60 (Jean Tschumi, Lausanne),
1975 extension (Burkhardt & Partner,
Bâle), 1996–2000 rénovation et
transformation (Richter et Dahl Rocha
architectes, Lausanne)

Der Hauptsitz der Nestlé AG in Vevey ist eines der bemerkenswertesten Bürogebäude der Westschweiz. Der ursprüngliche Bau in eleganter Y-Form ist das Hauptwerk des international erfolgreichen Architekten Jean Tschumi (1904–62). Seine Arbeiten (vgl. 03) erregten sowohl durch ihre hohe, auch im Detail erkennbare Qualität wie auch durch ihre vollendete Form Aufsehen.

Der heute unter Denkmalschutz stehende, bereits nach 15 Jahren erweiterte Gebäudekomplex wurde kürzlich renoviert und umgebaut. Die Art der Eingriffe reichte von der sorgfältigen Sanierung einzelner Elemente bis zur kompletten Rekonstruktion. Zu Diskussionen gab in erster Linie die vorgehängte Glas-Aluminium-Fassade Anlass. Sie wurde nach dem heutigen Stand der Technik neu konstruiert – dies so nahe am Vorbild wie möglich. Obwohl somit wesentliche Teile des Gebäudes neu sind, lässt sich hier eindrücklich (wenn auch nicht im Original) ein Meisterwerk der 50er-Jahre erleben.

Le siège central de Nestlé SA à Vevey est l'un des bâtiments administratifs les plus remarquables de Suisse romande. Le bâtiment d'origine, d'une élégante forme en Y, est l'œuvre majeure du grand architecte Jean Tschumi (1904–62). Ses ouvrages (voir no 03) ont beaucoup frappé à l'époque par la qualité poussée jusqu'au détail et la perfection de leurs formes.

Ce complexe de bâtiment aujourd'hui protégé, qui fut agrandi au bout de 15 ans déjà, a été récemment rénové et transformé. La nature des interventions va de l'assainissement précautionneux de certains éléments à une complète reconstruction. La modification la plus controversée concernait la façade verre-aluminium suspendue. On l'a finalement reconstruite conformément à la technique actuelle – mais de manière aussi proche que possible du modèle. Et bien que des parties essentielles du bâtiment soient neuves, et que le bâtiment ne puisse plus être qualifié d'entièrement original, le visiteur n'en découvre pas moins un chef-d'œuvre architectural des années 50.

Stade Olympique de la Pontaise VD

Route des Plaines-du-Loup 7,
1018 Lausanne,
www.lausanne-sport.ch
De la gare de Lausanne, bus no 1 jusqu'à
l'arrêt «Stade olympique»

1951–54 (Charles-François Thévenaz,
Lausanne; Ing. E. Thévenaz et
P. Jaccard)

Am 16. Juni 1954 fand im neu errichteten Olympiastadion vor über 50 000 Zuschauern das Eröffnungsspiel der Fussballweltmeisterschaft statt. Das Stadion auf der Pontaise ist seither Heimstätte des FC Lausanne-Sport. Bis heute wurde die Bausubstanz nur wenig verändert. Da jedoch nun überall Sitze installiert sind, finden im Stadion nur noch 15 800 Personen Platz.

Das Publikum gelangt über einen von olympischen Ringen bekrönten Zugang in einen Vorhof. Von hier führen Treppen in das Oval des Stadions. Die Anlage folgt einer strengen Symmetrie, die auf der Längs- und Querachse des Spielfeldes basiert. Die sich gegenüberliegenden Haupttribünen sind von spektakulären Betonflügeln gedeckt, die bis zu 18 m auskragen und an der dünnsten Stelle nur 8 cm messen.

Le 16 juin 1954 eut lieu, devant 50 000 spectateurs, le match d'ouverture du championnat de football dans le nouveau Stade olympique de la Pontaise à Lausanne, désormais le port d'attache du FC Lausanne-Sport. La substance architecturale de l'ensemble n'a été que très peu modifiée depuis lors, même si le stade, ne contenant plus que des places assises, n'accueille aujourd'hui plus que 15 800 personnes.

L'entrée, surmontée des anneaux olympiques, conduit à une esplanade à partir de laquelle le public gagne l'ovale du stade par différents escaliers. L'installation obéit à une stricte symétrie fondée sur les axes longitudinal et transversal du terrain de jeu. Les tribunes principales, qui se font face, sont abritées par de spectaculaires ailes de toit de 18 m de largeur au maximum mais d'à peine 8 cm d'épaisseur aux endroits les plus minces.

Mit seiner kühnen, klaren Architektur war Jean Tschumi (vgl. 01) seiner Zeit immer einen Schritt voraus. Er fühlte sich der rationalen klassischen Moderne verpflichtet, ein Anliegen war ihm aber in erster Linie Schönheit und skulpturale Qualität. Wichtig war dem bekannten Architekten zudem stets der Bezug seiner Gebäude zur Stadt und zur umliegenden Landschaft. All diese Prinzipien hat er beispielhaft beim Gebäude der Vaudoise Versicherungen in Lausanne angewandt.

Das in einem offenen Winkel angelegte, zweiflüglige Verwaltungsgebäude und das niedrige Personalfoyer liegen in einem Park mit altem Baumbestand. Bereits vom Eingang öffnet sich durch das freie Erdgeschoss der Blick auf den Genfersee und in die Landschaft. Die Fassade besticht durch ihre zeitlose Eleganz.

L'audace et la clarté de son architecture situait en permanence Jean Tschumi (voir no 01) à l'avant-garde de son temps. Il se réclamait de toute la rationalité de l'époque moderne classique, mais focalisait son attention sur des exigences de beauté et de qualité sculpturale. Le grand architecte veillait à la cohésion et au dialogue de ses créations avec la ville et le paysage environnants. Chacun de ces principes trouve une illustration exemplaire dans le bâtiment administratif de la Vaudoise Assurances à Lausanne.

Disposés en angle ouvert, le foyer bas et les deux ailes donnent sur un parc planté d'arbres anciens, et la vue, dès l'entrée, sur le panorama du lac Léman est superbe. La façade séduit par une élégance intemporelle.

03

Bâtiment administratif Vaudoise Assurances VD

Avenue de Cour/Avenue des Bains, 1007 Lausanne
De la gare de Lausanne, bus no 1 jusqu'à l'arrêt «Cèdres»

1953–55 (Jean Tschumi, Lausanne), 1995/2002 rénovation et extension (Hans Gutscher, Devanthéry & Lamunière)

Fabrique Eternit SA VD

Rue de la Boverie, 1530 Payerne
De la gare de Payerne, 10 minutes à pied

1956–57 (Paul Waltenspühl, Genève)

Das Eternit-Werk am Stadtrand von Payerne wurde für das Niederurner Mutterhaus (vgl. 39) als neuer Standort für den Westschweizer Markt erbaut. Der Ingenieur und Architekt Paul Waltenspühl (1917–2001) konnte hier für den aufstrebenden Baustoff-Hersteller eine Art Corporate-Identity in Gebäudeform verwirklichen. Verkleidet mit Welleternit erzeugen die sich wiederholenden Sheddächer eine symbolhafte Wirkung. So wurden die Produktionshallen zu unverkennbaren Werbeträgern.

Speziell zu begeistern vermag an diesem Gebäude die Lichtführung. Die klassische Belichtung über die Sheddächer wird erweitert, indem die Glasöffnungen des Daches auf der Seite heruntergezogen werden. Diese Öffnungen in der Aussenwand sind eine erstaunliche Bereicherung des Innenraums. Durch den seitlichen Lichteinfall wird sowohl die Perspektive verändert wie auch die Länge des Raums gebrochen. Nachts verblüfft das Gebäude von aussen: Die erleuchteten Werkräume lösen die Architektur auf und verwandeln sie in eine Lichtskulptur.

L'usine Eternit, dans les faubourgs de Payerne, a été construite par la maison mère de Niederurnen (voir no 39) en tant que nouveau siège suisse romand. L'ingénieur et architecte Paul Waltenspühl (1917–2001) avait pour mandat de créer ici une sorte de corporate identity architecturale reflétant les ambitions de la firme. Des toits de shed revêtus d'Eternit ondulé émane une force symbolique indéniable. Les halles de production deviendront avec le temps un support publicitaire reconnaissable entre tous.

Une caractéristique particulièrement enthousiasmante de ce bâtiment réside dans la qualité de la lumière ambiante. En plus de l'éclairage classique à partir des toits de shed, l'architecte a prolongé latéralement les ouvertures vitrées du toit. Ces fentes dans la paroi extérieure représentent un étonnant enrichissement de l'espace intérieur. L'afflux de lumière latérale modifie la perspective et segmente la longueur du local. De nuit, l'effet est stupéfiant. L'illumination des locaux de l'usine efface l'architecture et transforme le bâtiment en une sculpture lumineuse.

05
Patinoire du Centre Sportif des Vernets GE

Rue Hans-Wilsdorf 6, 1227 Les Acacias
De la gare Genève Cornavin, tram no 15
jusqu'à l'arrêt «Acacias»

1957–59 (Albert Cingria, Jean Duret et
François Maurice, Genève)

Die gedeckte Eishalle in Vernets ist nicht nur in ihrer ausdrucksstarken Erscheinung bemerkenswert. Sie überzeugt in erster Linie durch die aussergewöhnliche Konstruktion, die sich bereits von aussen ablesen lässt. Das Dach liegt auf wenigen Stahlträgern, die rund 80 m überspannen und jeweils auf nur einer Stütze ruhen. So wird eine Fläche von rund 6 500 m² stützenfrei überdeckt.

Am Ufer der Arve gelegen, bildet die Eishalle mit der gedeckten Schwimmhalle (1963–66, Cingria und Maurice) und weiteren Bauten ein Ensemble. Nachdem vor einigen Jahren erste Sanierungsarbeiten (François Maurice) ausgeführt wurden, steht nun eine neuerliche Renovation zur Diskussion. Die Eishalle ist ein eindrückliches Schweizer Beispiel für einen sowohl konstruktiv als auch formal überzeugenden Sportbau der Nachkriegszeit.

La patinoire couverte des Vernets est remarquable à plusieurs points de vue, et pas seulement en raison de son visage si expressif. Elle convainc tout d'abord par son étonnante construction, déjà déchiffrable de l'extérieur. Le toit repose sur quelques poutres métalliques d'environ 80 m de longueur. Ce qui délimite une surface dégagée d'environ 6 500 m².

Située sur la rive de l'Arve, la patinoire forme un ensemble avec la piscine couverte (1963–66, Cingria et Maurice) et d'autres bâtiments. Après de premiers travaux d'assainissement réalisés il y a quelques années (François Maurice), une nouvelle rénovation est en vue. Tant du point de vue de sa forme que de sa construction, la patinoire des Vernets est un remarquable exemple de construction sportive helvétique de l'après-guerre.

École et Centre Pédagogique de Geisendorf GE

Rue de Lyon 56, 1203 Genève
De la gare Genève Cornavin, bus no 6
jusqu'à l'arrêt «Dôle»

1952–56 (Georges Brera et Paul
Waltenspühl, Genève)

Zu Beginn der 50er-Jahre standen beim Schulhausbau nicht mehr nur praktische und technische Fragen im Vordergrund. Neu galt es, den Kindern ein Umfeld mit lernfreundlicher Atmosphäre zu schaffen. Darum gewannen die Belichtung der Schulräume und der Bezug zum Aussenraum an Bedeutung (vgl. 29, 35).
Die Anlage im Geisendorf-Park ist in dieser Hinsicht vorbildlich. Verteilt auf mehrere Bauten tritt sie in eine Beziehung zur umgebenden Natur und löst sich darin förmlich auf. Besonders zeittypisch ist die Kombination verschiedener Materialien mit unterschiedlichen Farben, Oberflächen und Strukturen. Dies erzeugt zusammen mit dem kindgerechten Massstab und der sorgfältigen Lichtführung eine behagliche Stimmung.

Au début des années 50, la construction de bâtiments scolaires ne soulevait plus seulement des questions pratiques et techniques. Au premier plan figurait désormais la préoccupation de fournir aux enfants un environnement et une ambiance favorables à l'étude. C'est pourquoi l'éclairage des locaux et le rapport du bâtiment à son environnement immédiat gagnèrent progressivement en importance (voir no 29, 35).
Le complexe scolaire de l'Ecole et du Centre pédagogique de Geisendorf est exemplaire à cet égard. Réparti sur plusieurs bâtiments, il dialogue avec la nature environnante et se fond littéralement en elle. Un trait particulièrement caractéristique du temps : la combinaison de matériaux de couleurs, de surfaces et de structures différentes. De tous ces éléments, dimensionnés à l'échelle de l'enfant et conjugués avec un éclairage soigneusement dosé, émane une agréable atmosphère.

Tours de Carouge GE

Boulevard des Promenades/Rue
Jacques-Grosselin/Rue du Centenaire,
1227 Carouge
De la gare Genève Cornavin, tram no 13
jusqu'à l'arrêt «Marché»

1958–69 (Lucien Archinard, Edouard
Barro, Georges Brera, Alfred Demay,
Jean-Jacques Mégevand, René
Schwertz et Paul Waltenspühl, Genève)

Der für die 60er-Jahre typische Trend zu grossen Überbauungen mit kubischen Bau-körpern und flächigen Fassaden hat in der Westschweiz in den 50ern eingesetzt. Es entstanden vor allem in der Region Genf grosse Ensembles wie die Cité-satellite de Meyrin oder die Cité du Lignon. Einer der Vorläufer dieser Entwicklung waren die Tours de Carouge, die sich stark an Le Corbusiers Unité d'Habitation und seine skulpturale, von Sichtbeton geprägte Architektur anlehnten (vgl. 09, 45).
Die Tours de Carouge entstanden direkt neben der beschaulichen Altstadt von Carouge. Die neue Wohnüberbauung erreichte eine ähnliche Dichte und Nutzungsmischung wie die Altstadt, verteilte diese jedoch auf lediglich sechs Turmhäuser.

La tendance typique des années 60 à construire de grands ensembles de corps de bâtiment cubiques aux vastes façades réticulées s'est amorcée en Suisse romande dans les années 50. C'est surtout dans la région de Genève que sont apparus ces grands ensembles que sont la Cité-satellite de Meyrin ou la Cité du Lignon. Parmi les précurseurs de cette évolution figurent les Tours de Carouge, fortement inspirées de l'Unité d'Habitation de Le Corbusier et de son architecture sculpturale en béton apparent (voir nos 09, 45).
Les Tours de Carouge furent construites à proximité immédiate de la paisible vieille ville de Carouge. La nouvelle «cité» présente une densité démographique et un éventail de modes d'exploitation équivalents à ceux de la vieille ville, mais répartis sur six tours seulement.

Mont-Blanc Centre GE

Rue de Chantepoulet 1–3, 1201 Genève
De la gare Genève Cornavin, 10 minutes
à pied

1951–55 (Marc Joseph Saugey, Genève)

Nach dem Zweiten Weltkrieg baute Marc Joseph Saugey (1908–71) drei Kinos in Genf, die stimmungsvoll und klug durchdacht zu Vorbildern der Schweizer Nachkriegsarchitektur wurden: das «Le Star» (1954–57, 1987 zerstört), das «Paris-Manhattan» (1955) und das «Le Plaza». Letzteres ist Teil des Mont-Blanc Centre, dessen Fassade vor kurzer Zeit renoviert wurde. Der Kinosaal ist mit 1250 Plätzen einer der grössten und mit seinem Interieur und der speziellen Beleuchtung einer der schönsten der Schweiz. Das Plaza hat 2004 seine Türen geschlossen, die Zukunft ist ungewiss. Nichtsdestotrotz lohnt sich ein Besuch des Mont-Blanc Centre mit seiner inneren Ladenstrasse und der raffiniert dem Gelände angepassten Erschliessung.

Das Kino «Paris-Manhattan» an der Avenue du Mail 1 (Bild Seite 7) war lange gefährdet, bis es um 1999 gerettet wurde. Heute steht es als «Auditorium Arditi-Wilsdorf» wieder für Veranstaltungen offen. Der breite Saal, der über ein ausgeklügeltes System von Rampen erschlossen wird, ist ein grossartiger Innenraum und schlichtweg atemberaubend.

Après la Deuxième guerre mondiale, Marc Joseph Saugey (1908–71) construisit à Genève trois cinémas qui devinrent, pour leur ambiance et l'intelligence de leur conception, les modèles de l'architecture suisse de l'après-guerre. «Le Star» (1954–57, démoli en 1987), le «Paris-Manhattan» (1955) et «Le Plaza». Ce dernier fait partie du Mont-Blanc Centre, dont la façade vient d'être rénovée. La salle de cinéma compte 1 250 places. De par sa grandeur, son aménagement intérieur et son éclairage, elle est l'une des plus belles salles de cinéma de Suisse. Le Plaza a fermé ses portes en 2004, son avenir est incertain. Et pourtant, la visite du Mont-Blanc Centre en vaut pleinement la peine, avec sa galerie marchande, et ses voies d'accès adaptées avec raffinement aux données du terrain.

Le cinéma «Paris-Manhattan», à l'Avenue du Mail 1 (photo page 7), a été longtemps menacé avant d'être sauvé en 1999. Intitulé aujourd'hui «Auditorium Arditi-Wilsdorf», il est de nouveau ouvert aux manifestations. La vaste salle, accessible par un système de rampes très étudié, représente un espace intérieur extraordinaire d'une beauté à couper le souffle.

133 Wohnungen, einige Geschäfte und ein Restaurant verteilen sich im Gebäudekomplex Numaga auf zwei leicht abgewinkelte Baukörper. Wie bei den Tours de Carouge und dem Saurerhochhaus (vgl. 07, 45) ist auch hier die berühmte Unité d'Habitation Vorbild. Besonders die Villa auf dem Dach des siebengeschossigen Blocks, die Maisonettewohnungen im niedrigeren Gebäude sowie die verwendeten Grundfarben erinnern stark an die damals im Mittelpunkt des Interesses stehenden Bauten Le Corbusiers.
Die Wohnungen sind auf eine ideale Besonnung ausgerichtet und bieten gute Sicht auf den umgebenden Parkraum. So bilden die Gebäude eine gestalterisch überzeugende Komposition, die sich der Topographie anpasst und angenehme Aussenräume entstehen lässt.

133 logements, quelques commerces et un restaurant se partagent le complexe Numaga, dont les deux corps de bâtiment forment un angle très ouvert. Comme dans le cas des Tours de Carouge et de la Tour Saurer à Arbon (voir nos 07, 45), le Numaga s'inspire de la célèbre Unité d'Habitation. La villa sur le toit du bloc de sept étages, les duplex de l'immeuble bas ainsi que les couleurs primaires rappellent fortement les bâtiments de Le Corbusier, qui figuraient alors au centre de l'intérêt.
Les logements sont orientés de manière à jouir d'un ensoleillement idéal, et offrent une vue dégagée sur le parc environnant. L'ensemble constitue une composition esthétiquement convaincante, adaptée à la topographie et entourée d'extérieurs agréables.

09
Immeubles Numaga NE

Rue Numa-Droz 196–200/202–208,
2300 La Chaux-de-Fonds
De la gare de La Chaux-de-Fonds,
bus no 4 jusqu'à l'arrêt «Numaga»

1953–54 (André Gaillard
et Maurice Cailler, Genève)

10
Immeuble Gare 10/ Serre 4 ^{NE}

Avenue de la Gare 10 / Rue de la Serre 4,
2000 Neuchâtel
De la gare de Neuchâtel, bus no 7, 9 ou 9b
jusqu'à l'arrêt «Av. Gare»

1958 (Robert-André Meystre)

Das Bürogebäude auf einem kleinen, stark geneigten Grundstück reagiert gekonnt
auf das schwierige Gelände. Der Baukörper liegt parallel zum Hang. Zwei gleichwer-
tige, durch Vordächer akzentuierte Eingänge führen oben und unten ins Gebäude.
Mit der geschickt rhythmisierten Fassade wird eine repräsentative Wirkung erzeugt
(Bild links).
Ein weiteres sehenswertes Gebäude von Robert-André Meystre (*1923) in Neuen-
burg ist der Wohnturm an der Rue Grise-Pierre 5 von 1961 (Bild rechts). Dieser sticht
heraus durch seine Grösse, aber auch durch die sorgfältig gestaltete Metallfassade,
die eine zurückhaltende Eleganz ausstrahlt.

Ce bâtiment administratif construit sur une petite parcelle pentue s'adapte intelligemment à la difficulté du terrain. Le corps du bâtiment est parallèle à la pente. Deux
entrées abritées par des avant-toits donnent accès au bâtiment par le haut et par le bas.
La façade habilement rythmée crée une ambiance représentative (photo de gauche).
Une autre réalisation de valeur de Robert-André Meystre (*1923) à Neuchâtel est la
tour d'habitation de 1961 à la Rue Grise-Pierre 5 (photo de droite). L'immeuble frappe
par sa hauteur, mais aussi par le soin apporté à l'aménagement de sa façade métallique
qui lui confère une discrète élégance.

Das Erweiterungsprojekt der Kapelle von Montcroix war der erste bedeutende Auftrag für Jeanne Bueche (1912–2000), die später für weitere wichtige Sakralbauten im Jura verantwortlich zeichnete. Der Einfluss des französischen Architekten Auguste Perret (vgl. 12, 27) ist spürbar: Ein Betonskelett trägt eine Betonverkleidung, die sich klar von der tragenden Struktur abhebt.

Da Beton in konservativen Kreisen für einen religiösen Bau als zu gewöhnlich galt, löste das Projekt heftige Reaktionen aus. Das Gebäude bezaubert jedoch gerade dadurch, dass Beton hier in fast all seinen Verarbeitungsformen – roh, poliert, gewaschen, strukturiert – eingesetzt wird. Auch das Lichtkonzept ist bemerkenswert. Der Altar wird über eine Öffnung im Gewölbe belichtet, während Wabensteine mit farbigen Glaseinlagen zur Raumstimmung beitragen.

Le premier mandat important confié à Jeanne Bueche (1912–2000) fut celui de la chapelle de Montcroix. C'est elle également qui allait signer par la suite plusieurs bâtiments sacrés du Jura. L'influence de l'architecte français Auguste Perret (voir nos 12, 27) est ici sensible. Un squelette de béton supporte un revêtement du même matériau, qui ressort visiblement de la structure portante.

Comme les milieux conservateurs jugeaient le béton trop ordinaire pour un bâtiment religieux, le projet suscita de violentes réactions. Mais c'est précisément de la présence du béton sous presque toutes ses formes – brut, poli, lavé, structuré – qu'émane la magie du bâtiment. L'autel est éclairé par une ouverture dans la voûte, tandis que des éléments en nid d'abeilles garnis de fragments de verre coloré contribuent à l'atmosphère du lieu.

11
Chapelle de
Montcroix JU

Route du Vorbourg 16, 2800 Delémont
De la gare de Delémont, bus no 2 jusqu'à l'arrêt «Chapelle Montcroix»

1950 (Jeanne Bueche, Delémont)

12

Cité paroissiale et église du Christ-Roi FR

Boulevard de Pérolles 41, 45, 53,
1700 Fribourg
De la gare de Fribourg, 10 minutes à pied

1951–55 (Denis Honegger,
Fribourg/Paris)

Die Baugruppe mit der Kirche und den beiden seitlich platzierten Wohnbauten zeigt eine geschickte Inszenierung des Weges vom Boulevard de Pérolles, dem profanen Stadtraum, zum Sakralraum der Kirche. Die beiden Wohnbauten nehmen die Struktur des Quartiers auf und markieren die Ecken eines trapezförmigen, leicht ansteigenden Vorhofes, der zum Eingang der Kirche führt. Der Innenraum mit fächerförmigem Grundriss ist in Sichtbeton gehalten und auf den zentralen Altar ausgerichtet. Dank der räumlichen und plastischen Qualität wird eine besinnliche Atmosphäre erzeugt.

Denis Honegger (1907–81) machte sich vor allem als Architekt der Universität Miséricorde von 1938–42 in Freiburg einen Namen. Die Universität ist wie die Kirche Christ-Roi geprägt vom grossen Vorbild Honeggers, dem französischen Architekten Auguste Perret, welcher mit seinen Betonbauten und seiner Theorie eine ganze Generation von Architekten beeinflusste; in der Westschweiz bezog sich neben Honegger auch Jeanne Bueche (vgl. 11) auf ihn.

Ce groupe de bâtiments – l'église et les deux immeubles d'habitation de part et d'autre – met habilement en scène la transition du boulevard de Pérolles, espace urbain profane, à l'espace sacré de l'église. Les deux immeubles d'habitation s'inscrivent dans la structure du quartier et marquent les angles d'un parvis trapézoïdal légèrement incliné. L'espace intérieur en éventail, orienté vers l'autel central, est en béton apparent. La qualité spatiale et plastique de l'ensemble crée une atmosphère de recueillement.

C'est avant tout en tant qu'architecte de l'Université de Miséricorde de 1938 à 1942 que Denis Honegger (1907–81) s'est fait un nom à Fribourg. L'Université, tout comme l'église du Christ-Roi, porte l'empreinte du grand modèle d'Honegger, l'architecte français Auguste Perret, dont la théorie, et notamment le recours au béton, ont influencé toute une génération d'architectes – Honegger, mais aussi Jeanne Bueche (voir no 11).

13

Banque Cantonale du Valais ^{VS}

Rue des Cèdres 8, 1950 Sion
De la gare de Sion, 10 minutes à pied

1955–56 (André Perraudin, Jean Suter,
Raymond Zurbriggen, Sion)

In der Zeit des Aufschwungs der 50er-Jahre verdoppelte sich die Einwohnerzahl Sions nahezu. Entsprechend viele Bauten der Nachkriegszeit sind in der Stadt zu sehen. Die Walliser Kantonalbank sticht mit ihrer Grösse und der repräsentativen Wirkung aus der Masse heraus und zeigt stolz das Selbstbewusstsein des damals aufstrebenden Ortes. Die Tragkonstruktion aus gestocktem Beton (beim Stocken wird der Beton nachträglich durch Hämmern aufgerauht), die Natursteineinfassungen und die mächtigen Gitter wirken äusserst solide. In der Schalterhalle sind viele originale Bauteile noch sichtbar, wenn auch die Schalter den neusten Sicherheitsanforderungen angepasst werden mussten.
Die Bank wurde vor kurzer Zeit mit einem eigenständigen Kubus erweitert (Rudaz & Rudaz, Sion), der sich zeitgemäss präsentiert und die Proportionen des bestehenden Gebäudes aufnimmt.

Les années 50, période de l'envol, ont vu pratiquement doubler la population de Sion, d'où la multitude de bâtiments d'après-guerre dans cette ville. La Banque cantonale valaisanne frappe par sa grandeur et sa masse représentative, reflet de l'assurance et du dynamisme de l'époque. La construction portante en béton piqueté (autrement dit martelé en surface), les bordures en pierres naturelles et les puissantes grilles dégagent une impression d'indéfectible solidité. Dans la halle aux guichets, de nombreux éléments de construction originaux demeurent apparents malgré l'adaptation ultérieure des installations conformément aux exigences de sécurité les plus récentes.
La banque a été récemment agrandie par l'adjonction d'un bâtiment cubique contemporain (Rudaz & Rudaz, Sion) qui reprend les proportions de l'immeuble préexistant.

Barrage de la Grande Dixence VS

1987 Hérémence
De la gare de Sion, bus jusqu'à l'arrêt
«Dixence, Le Chargeur/Terminus»

1950–64 (Grande Dixence SA)

Die weltweit höchste Betonstaumauer (285 m) ist heute noch Rekordhalterin in etlichen Disziplinen. Als wenig ins Tal zurückversetzte Gewichtsmauer übernimmt sie die Neigung der Bergflanken. Mit dem ausgewogenen Verhältnis von Höhe und Breite fügt sie sich erstaunlich zurückhaltend in die Umgebung ein. So vermag sie auch die maximale Dicke von knapp 200 m gut zu verbergen. Ein Absatz auf halber Höhe sorgt dafür, dass sich die Dimension der Mauer eher fassen lässt.
Das mächtige Bauwerk entstand über viele Jahre durch eine Tausendschaft von Arbeitern. Deren Unterkunft, ein imposanter Riegel vor der Staumauer, bietet sich heute als Hotel «Le Ritz» für Übernachtungen an.

Le mur de barrage en béton le plus élevé au monde (285 m) bat aujourd'hui encore les records dans maintes disciplines. Le mur de soutènement épouse les flancs de la montagne, de sorte que son avancée en direction de la vallée n'est que faiblement perceptible. Hauteur et largeur sont en harmonie et l'ensemble étonnamment discret dans le paysage. Rien ne trahit les 200 m d'épaisseur de la base. Un décrochement à mi-hauteur permet de mieux saisir les dimensions du mur.
Cette puissante construction est l'œuvre d'un millier d'ouvriers occupés ici durant de nombreuses années. Leur cantonnement se trouvait dans l'imposant bâtiment qui se dresse en dessous du barrage, et abrite aujourd'hui l'hôtel «Le Ritz».

Tröckneturm BE

Kirchbergstrasse 217, 3400 Burgdorf
Ab Bahnhof Burgdorf zu Fuss 20 Minuten

1960/61 (Renato Vercelli, Florenz)

Der rund 75 m hohe Tröckneturm der mittlerweile nicht mehr existierenden Firma Unitroc ist von weither sichtbar. Mit seinem fliegenden Dach und der leicht durchschimmernden Glashaut wirkt das Gebäude je nach Lichtverhältnis beinahe unwirklich. Der nach Plänen des Florentiner Architekten Renato Vercelli gebaute Tröckneturm besteht aus einem runden Betonzylinder, der von einer selbsttragenden eckigen Glashülle umgeben ist. Die filigrane Umhüllung hat zwar eine gewisse Schutzwirkung, sollte aber wohl in erster Linie dem schönen Erscheinungsbild dienen.
Im europaweit ersten Tröckneturm dieser Art wird püriertes Gemüse in einem speziellen Gegenstromverfahren bei niedriger Temperatur luftgetrocknet. Noch heute produziert hier die Firma Spreda Nahrungsmittel-Pulver aus Tomaten-, Karotten- und Apfel-Konzentraten. Der von der kantonalen Denkmalpflege als schützenswert eingestufte Turm ist beispielhaft für die Tradition qualitativ hochstehender Industriebauten in der Schweiz.

La tour de séchage de 75 m de haut de la firme Unitroc, entreprise aujourd'hui disparue, est visible loin à la ronde. Avec son toit aérien et son enveloppe de verre légèrement transparente, ce bâtiment, selon l'éclairage, peut paraître irréel. La tour de séchage construite sur les plans de l'architecte florentin Renato Vercelli se compose d'un cylindre de béton entouré d'une enveloppe de verre quadrangulaire autoporteuse. Cette enveloppe filigranée remplit une certaine fonction de protection, mais visait vraisemblablement avant tout des fins esthétiques.
Ce dispositif a été le premier de son genre en Europe. Le procédé spécial utilisé ici consiste à sécher à l'air des purées de légumes par un procédé spécial de contre-courant. La firme Spreda, qui a pris la relève, produit aujourd'hui encore à cet endroit des concentrés de tomates, de carottes et de pommes. La tour est classée monument historique et illustre de manière exemplaire la tradition des bâtiments industriels suisses de qualité.

Eidgenössische Turn- und Sport- schule BE

2532 Magglingen
Ab Bahnhof Biel zu Fuss 10 Minuten
(oder Bus 11) bis Seilbahn/Funic
Biel-Magglingen

Ab 1947 (Werner Schindler, Biel, und
Edy Knupfer, Zürich, Ing. Karl und
Robert Schmid)

Die Eidg. Turn- und Sportschule ETS in Magglingen entstand aus Sorge um die körper-
liche Leistungsfähigkeit der Schweizer Wehrmänner. Heute widmet sich das Angebot
der Gesundheit der gesamten Bevölkerung. Die ETS weitete sich ab den späten 40er-
Jahren in der damals unberührten Landschaft auf dem Jurarücken aus – verteilt auf
verschiedene Gebäude und gekonnt die vorhandene Topografie nutzend.
Die 1948 erbaute Sporthalle (End der Welt-Strasse 1–5) mit zwei daran anschliessenden kleinen Hallen war damals das Herz der Anlage. Die Holzkonstruktion ist
gegen Süden verglast und stirnseitig mit Mauern aus Kalksteinquadern abgeschlos-
sen. Eine Gruppe von Unterkunftshäusern von 1954 (Alpenstrasse 19–25) ist wie die
Sporthalle zeittypisch bescheiden und mit Materialien aus der Region erstellt. Die
ganze Anlage vermittelt den speziellen Charme der Architektur zu Beginn der 50er-
Jahre.

L'Ecole fédérale de gymnastique et de sport (EFGS) de Macolin est née du souci
d'améliorer la capacité de performance physique des soldats suisses. L'offre s'adresse
aujourd'hui à l'ensemble de la population. L'EFGS a été aménagée dans les années 40
dans un paysage jurassien alors intact et n'a cessé de s'étendre depuis lors en tirant
habilement parti de la topographie.
La halle de sport construite en 1948 (Bout-du-Monde 1–5), avec les deux petites salles
attenantes, représentait alors le cœur de l'installation. Cette construction en bois
raffinée est vitrée sur sa face méridionale, et se termine aux deux extrémités par des
murs de pierres calcaires. Un groupe de dortoirs de 1954 (rue des Alpes 19–25) est,
tout comme la halle de sport, modeste et construit avec les matériaux de la région.
L'ensemble respire le charme spécial de l'architecture du début des années 50.

Halen 1–79, 3037 Herrenschwanden,
www.halen.ch
Ab Bahnhof Bern Postautolinie 102 bis
«Thalmatt»

1955–61 (Atelier 5, Bern)

In einer Waldlichtung bei Bern baute das Architekturbüro Atelier 5 die Siedlung Halen und sorgte damit weit über die Landesgrenzen hinaus für Furore. Die dichte Siedlung auf kleinster Grundfläche wirkt noch heute kompromisslos. Die schmalen Reihenhäuser gleichen den Wohneinheiten von Le Corbusiers Hochhäusern – einfach nebeneinander statt übereinander gestellt (vgl. 09, 45).
Die Siedlung nimmt mit ihren Wegen und Plätzen auch Elemente traditioneller Dorfstrukturen auf und stellt die Idee des Miteinanders ins Zentrum. Extensiv begrünt geht die Betonkonstruktion mehr und mehr in der sie umgebenden Natur auf.

Dans une clairière proche de Berne, le bureau d'architectes Atelier 5 implantait en 1961 la résidence autonome «Siedlung Halen» qui allait faire fureur au-delà des frontières. Ce lotissement dense groupé sur une surface des plus réduites ne cède, aujourd'hui encore, à aucun compromis. Les étroites rangées de maisons mitoyennes ressemblent aux Unités d'Habitation des tours de Le Corbusier – simplement attenantes et non superposées (voir nos 09, 45).
Cet ensemble résidentiel, avec ses chemins et places, reprend certains éléments des structures villageoises traditionnelles et situe l'idée de la communauté au centre des préoccupations. La végétalisation extensive intègre toujours plus étroitement le béton des constructions à la nature environnante.

Eidgenössische Oberzolldirektion ^{BE}

Monbijoustrasse 40, 3003 Bern
Ab Bahnhof Bern Bus 10 bis «Monbijou»

1950–53 (Hans und Gret Reinhard, Bern, und Werner Stücheli, Zürich), ab 1986 Sanierung, 2002 Erneuerung EG und Cafeteria

In der ersten Hälfte der 50er-Jahre standen vor allem der Umgang mit dem Material und dessen Verarbeitung im Vordergrund. Gesucht wurden Kontraste und Kombinationen unterschiedlicher Materialien. Es ging um Stimmung, Proportionen und hochwertige Handarbeit. Elliptische Handläufe, Staketen-Geländer und fein gearbeitete Fenster kamen auf. Charakteristisch sind sorgfältig durchdachte Details, wie sie beispielhaft bei der Oberzolldirektion – einer Ikone der Nachkriegszeit – zu sehen sind.

Die geschwungene, dem Platz zugewandte Rasterfassade des siebengeschossigen Kopfbaus mit dem eleganten Flugdach ist typisch für die Architektur des Aufschwungs. Zusammen mit dem anschliessenden Längstrakt rahmt der Kopfbau eine Parkanlage mit altem Baumbestand. Die beiden Gebäudeteile sind in unterschiedlicher Konstruktionsweise erstellt, was sich gut an der Fassade ablesen lässt. Während der Kopfbau mit den grossformatigen Fenstern die Skelettbauweise erkennen lässt, deuten die Lochfenster des Längstrakts darauf hin, dass sich hinter der Kunststeinverkleidung tragende Backsteinwände verstecken.

Durant la première moitié des années 50, l'attention se focalisait sur les matériaux et leur traitement. On recherchait les contrastes et combinaisons de matériaux divers. La recherche portait sur l'atmosphère, les proportions et le travail artisanal de qualité. Mains courantes elliptiques, balustrades grillagées, fenêtres finement travaillées… Très typiques, l'attention prêtée aux détails soigneusement étudiés. Un bel exemple de cette approche est le bâtiment de la Direction fédérale des douanes à Berne – une icône de l'après-guerre.

La façade structurée du bâtiment principal de sept étages orienté vers la place, avec son élégant toit aérien, est typique de l'architecture de l'envol. A l'arrière du corps principal s'étend un immeuble bas allongé. L'ensemble encadre un parc planté d'arbres anciens. Les deux bâtiments sont construits différemment, ce qui ressort clairement des façades. Alors que le bâtiment principal, avec ses grandes fenêtres, laisse apparaître le squelette de la structure, les fenêtres percées dans l'aile longitudinale revêtue de pierres artificielles dénotent la présence de parois en brique.

19
Parktheater ^{SO}

Lindenstrasse 41, 2540 Grenchen,
www.parktheater-grenchen.ch
In unmittelbarer Nähe des Bahnhofs
Grenchen Nord

1953–55 (Ernst Gisel, Zürich), 1995
Erweiterung (Ernst Gisel, Erich Senn)

Das Parktheater liegt in einem Parkgelände mit altem Baumbestand. In rechtem Winkel fügen sich ein Saaltrakt und ein (mittlerweile verlängerter) Flügel mit Gemeindesaal und Restaurant aneinander. Das Projekt des damals unbekannten Architekten Ernst Gisel (*1922) wurde bereits 1949 in einem Wettbewerb ausgewählt.
Obwohl markant und eigenständig, zeigt das Parktheater doch den Einfluss des finnischen Architekten Alvar Aalto. Wie dessen Gemeindezentrum Säynätsalo (Finnland, 1952) schafft es den Spagat zwischen Bescheidenheit und Monumentalität. Das Backsteingebäude ist in seinem Grundriss einfach, wirkt aber durch die verschiedenen Baukörper und die markanten Schrägen der Dächer komplex und verschachtelt.

Le Parktheater est niché au cœur d'un parc d'arbres anciens. Deux corps de bâtiment se dressent à angle droit, l'un abritant le théâtre, l'autre – prolongé entre temps – la salle communale et le restaurant. Ce projet avait été choisi en 1949 à l'issue d'un concours remporté par l'architecte Ernst Gisel (*1922), alors encore inconnu.
Bien que marquant et autonome, le Parktheater trahit l'influence de l'architecte finlandais Alvar Aalto. Tout comme le centre communal de Säynätsalo (Finlande, 1952), l'ouvrage relève avec succès un véritable défi : combiner modestie et monumentalité. Le bâtiment en brique repose sur un plan simple, mais apparaît complexe et enchâtelé du fait de la juxtaposition de plusieurs corps de bâtiments et la présence de pans de toiture très marquants.

Das Gebäude der Solothurner Kantonalbank (heute Baloise Bank SoBa) liegt im Grüngürtel der ehemaligen Befestigungsanlage der Stadt. Das dreigeschossige, auf den Amthausplatz ausgerichtete Solitärgebäude verfügt über einen zweigeschossigen Innenhof. Sein Architekt, William Dunkel (1893–1980), war von 1929–59 Professor an der ETH Zürich und prägte dort eine ganze Generation von Architekten und (wenigen) Architektinnen.

Bei der Gesamterneuerung konnte die äussere Erscheinung des Gebäudes mit der feingliedrigen Fensterteilung vorbildlich erhalten bleiben, obwohl die Gebäudehülle wärmetechnisch saniert werden musste. Die Veränderungen betrafen in erster Linie das Erdgeschoss, das von den Gittern befreit wurde und sich nun über eine grosszügige Verglasung zum Platz und zum Park öffnet.

L'immeuble de la Banque cantonale de Soleure (aujourd'hui Baloise Bank SoBa) se situe dans la ceinture verte de l'ancienne zone fortifiée de la ville. Ce bâtiment isolé de trois étages orienté vers l'Amthausplatz dissimule une cour intérieure à deux étages. Son architecte, William Dunkel (1893–1980), professeur à l'EPF Zurich de 1929–59, a marqué toute une génération d'architectes – dont quelques (rares) femmes.

Lors de la restauration complète, l'apparence extérieure du bâtiment, avec son réseau de fenêtres tout en finesse, a pu être remarquablement conservée malgré les mesures d'isolation prises. Les modifications ont porté en tout premier lieu sur le rez-de-chaussée, qui a été débarrassé de ses grilles, puis vitré, et qui s'ouvre maintenant généreusement sur la place.

20
Solothurner
Kantonalbank SO

Amthausplatz 4, 4500 Solothurn
Ab Bahnhof Solothurn Bus 3 bis
«Amthausplatz»

1953 (William Dunkel, Kilchberg),
1996–99 Gesamterneuerung
(Graf Stampfli Jenni, Solothurn)

Rundhofhalle der Schweizer Muster-messe ^BS

Messeplatz 7/9, 4058 Basel
Ab Bahnhof Basel SBB Tram 2, ab
Basel Badischer Bahnhof Tram 6 bis
«Messeplatz»

1953/54 (Hans Hofmann, Zürich),
1990–93 Sanierung (Peter Fierz und
Stefan Baader, Basel)

Einer der hervorragendsten Bauten der 50er-Jahre ist die Halle 10–21 der heutigen Messe Schweiz. Mit der unverkennbaren Uhr über dem Eingang wurde sie zum Symbol für die Mustermesse. Dank der architektonischen Qualität ist sie längst ein Baudenkmal von nationaler Bedeutung. Das Herz des dreigeschossigen quadratischen Gebäudes ist der kreisrunde Innenhof, der als Verteilzentrum, Orientierungspunkt und Ort der Begegnung dient. Wirkt das Gebäude aussen verschlossen, zeigt sich der Rundhof leicht und offen. Dies entspricht der Absicht des Architekten, der versuchte «durch Blumen, Wasser, Farben und Fahnen eine heitere und festliche Atmosphäre für das Fest der Arbeit, ohne falsches Pathos, zu gestalten.»
Hans Hofmann (1897–1957), der Chefarchitekt der Landi 39, kann in seiner Bedeutung für die Schweizer Nachkriegsarchitektur nicht hoch genug eingeschätzt werden. In seinen Werken (vgl. 24) vereinigte der langjährige ETH-Professor, wie er es selbst bezeichnete, «Sachlichkeit und künstlerische Fantasie».

Un des plus remarquables bâtiments des années 50 est sans conteste la halle 10–21 de l'actuelle Foire Suisse. Avec la montre reconnaissable entre toutes au-dessus de l'entrée, elle est devenue le symbole par excellence de la Foire aux Echantillons. De par sa qualité architectonique, elle constitue depuis longtemps un monument historique d'importance nationale. Le cœur de ce bâtiment carré de trois étages est la cour intérieure circulaire qui sert de centre de distribution, de point de repère et de lieu de rendez-vous. Alors que le bâtiment, vu de l'extérieur, semble fermé sur lui-même, la cour intérieure apparaît légère et largement ouverte. L'effet correspond à l'intention de l'architecte, qui cherchait à créer, «par des fleurs, de l'eau, des couleurs et des drapeaux, une atmosphère joyeuse et festive pour la fête du travail, sans faux pathos».
Hans Hofmann (1897–1957), l'architecte en chef de la Landi 39, a joué un rôle dont on ne saurait trop louer l'importance, tant a été grande son influence sur l'architecture de l'après-guerre. Dans ses ouvrages (voir no 24), ce professeur de l'EPF Zurich de longues années combinait, comme il le disait lui-même, «réalisme objectif et imagination artistique».

22
Domus Haus ^{BS}

Pfluggässlein 3, 4001 Basel
Ab Bahnhof Basel SBB Tram 11 bis
«Barfüsserplatz»

1958 (Max Rasser und Tibère Vadi,
Basel), 1984–85 Umbau (Diener &
Diener, Basel)

Das auf einer kleinen Altstadtparzelle stehende Gebäude verdankt seinen Namen dem Einrichtungshaus «Domus», für welches es ursprünglich erbaut wurde. Es beherbergte zwischen 1984 und 2004 das Architekturmuseum Basel.
Die vorgehängte Fassade des scharf geschnittenen, kubischen Baukörpers ist gekonnt gegliedert. Mit der unterschiedlichen Transparenz der Gläser und dem Wechsel zwischen den hellen Fassadenbändern und dem schwarzen Metall der Fensterrahmen wirkt das Domus Haus zurückhaltend und zeitlos edel. Mit Fug und Recht kann es als besonders herausragendes Beispiel der Schweizer Nachkriegsmoderne bezeichnet werden.

Ce bâtiment érigé sur une petite parcelle de la vieille ville doit son nom au commerce d'ameublement «Domus» pour lequel il avait été construit à l'origine. Il a abrité le musée d'architecture de Bâle de 1984 à 2004.
La façade suspendue de ce bâtiment cubique à arêtes vives est intelligemment structurée. Les différents degrés de transparence du verre et l'alternance des bandeaux clairs de la façade et du métal noir des cadres de fenêtre confèrent à la Domus Haus une apparence noble et réservée. Ce bâtiment s'illustre comme un remarquable exemple de l'époque moderne suisse d'après-guerre.

Ende der 50er-Jahre wurde das verdichtete und dennoch individuelle Wohnen zum Thema. Verschiedene Projekte befassten sich damit, wie der Traum vom Eigenheim trotz hoher Bodenpreise verwirklicht werden konnte. Neben dem Experiment der Halen-Siedlung (vgl. 17) und dem neuartigen Typus des Terrassenhauses (vgl. 33) zeigt die Überbauung «In den Gartenhöfen» den durchaus geglückten Versuch einer Teppichsiedlung.

Die Siedlung verwebt eingeschossige Flachbauten miteinander, die jeweils als Winkel um einen privaten Aussenbereich gelegt sind. Die verwendeten Materialen beschränken sich auf Sichtbackstein, Beton und Holz. Herausragend ist die differenzierte Behandlung der Aussenräume, die dank der sorgfältigen Abstufung von privaten über halböffentliche zu öffentlichen Bereichen zu einer aussergewöhnlichen Wohnqualität führt.

La fin des années 50 connaît une amplification croissante de la demande d'habitations – notamment de maisons individuelles. Différents projets ont porté sur les possibilités de réaliser pour le plus grand nombre le rêve de posséder ses quatre murs en dépit des prix fonciers. A part l'expérience de la Halen-Siedlung (voir no 17) et le type plus récent de la maison en terrasse (voir no 33), l'ensemble résidentiel «In den Gartenhöfen» constitue un essai réussi de «lotissement en nappe».

Le lotissement tisse un réseau de parcelles abritant chacune un bâtiment d'angle peu élevé s'ouvrant sur un lopin de jardin privé. Les seuls matériaux utilisés sont la brique apparente, le béton et le bois. L'aménagement des extérieurs présente un degré de différenciation remarquable. On passe progressivement, en un dégradé soigneusement orchestré, de l'espace privé, puis semi-privé, au domaine public, ce qui confère à l'ensemble une qualité de vie hors du commun.

23

Siedlung «In den Gartenhöfen» BL

Niederbergstrasse/Binningerstrasse,
4153 Reinach
Ab Bahnhof Basel SBB Tram 11 bis «Reinach, Landhof»

1959–60
(Ulrich Löw und Theodor Manz, Basel)

24
Kraftwerk Birsfelden BL

Hofstrasse/Grenzacherstrasse, 4127
Birsfelden, www.kw-birsfelden.ch
Ab Bahnhof Basel SBB Tram 2 bis
«Wettsteinplatz» anschl. Bus 31 bis
«Allmendstrasse»

1953–54 (Hans Hofmann, Basel),
1999–2000 Sanierung und Umbau (Peter
Fierz, Basel)

Der Neubau des Kraftwerks Birsfelden an einem landschaftlich anspruchsvollen,
von der Stadt Basel aus gut sichtbaren Standort sorgte für lange Diskussionen.
Angesichts der schwierigen Aufgabe wurde 1952 Hans Hofmann, renommierter
Architekt (vgl. 21) und Vorstandsmitglied des Schweizer Heimatschutzes, mit dem
Bauauftrag betraut. Er meisterte die Aufgabe gekonnt und schuf mit seiner gläser-
nen Turbinenhalle ein formvollendetes Meisterwerk.
Leicht wie ein Flügel liegt ein gefaltetes Dach auf einer Doppelreihe Y-förmiger Be-
tonstützen. Die grossflächige beidseitige Verglasung schafft eine Transparenz, die
gleich in dreierlei Hinsicht Wirkung entfaltet: Von weitem kann durch das Gebäude
hindurch die Landschaft wahrgenommen werden, von nahem können Passanten ins
Innere des Gebäudes schauen und nachts scheint der hell erleuchtete Glaskörper
auf dem spiegelnden Wasser zu schweben. Die leichte Architektur, die verspielten
Details und die fröhliche Farbgebung wirken noch heute frisch und vermögen nach
wie vor zu begeistern.

L'usine de Birsfelden envisageait de se doter d'un nouveau bâtiment dans le superbe
paysage que l'on sait, visible de la ville de Bâle, et cette perspective donnait lieu à
d'interminables discussions. Vu la difficulté de la tâche, elle fut confiée en 1952 à un
architecte renommé, Hans Hofmann (voir no 21), membre du comité directeur de
Patrimoine suisse, qui s'acquitta de la mission avec brio : il opta pour une halle des
turbines vitrée de forme attrayante, et créa du même coup un chef d'œuvre accompli.
Le toit «en zigzag» est posé avec la légèreté d'une aile sur une double rangée de piles
béton en Y. Le vitrage des deux faces crée une transparence qui déploie tous ses effets
de trois points de vue : de loin, on voit le paysage en transparence. De près, les passants
aperçoivent l'intérieur du bâtiment. Et de nuit, ce corps vitré brillamment illuminé
semble flotter sur l'eau. L'architecture légère, les détails ludiques et le choix de teintes
joyeuses ont conservé à l'ensemble toute sa fraîcheur et sa fascination.

Kurtheater AG

Das Kurtheater am Rand des Kurparks geht auf einen Wettbewerb von 1939 zurück. Mit dem Bau konnte Lisbeth Sachs wegen des Kriegsausbruchs aber erst 1950 beginnen. Eindeutiger Höhepunkt ist das vollständig verglaste Gartenfoyer. Es verknüpft Innen und Aussen und greift hinaus in den Park, der vom Landschaftsarchitekten Gustav Ammann (vgl. 47) angelegt wurde. Vom Gartenfoyer führt eine breite Treppe in den Zuschauerraum, der Platz für rund 600 Personen bietet. Der später hinzugefügte Foyeranbau veränderte die Eingangssituation und wirkt im Vergleich zum filigranen und wohlproportionierten ursprünglichen Gebäude schwerfällig.

Lisbeth Sachs (1914–2002) schloss 1939 an der ETH Zürich das Architekturstudium ab. Sie arbeitete bei Alvar Aalto, Roland Rohn und Alfred Roth und war eine der ersten selbständigen Architektinnen der Schweiz. Ihr Kurtheater gilt als erster bedeutender Schweizer Theaterbau der Nachkriegszeit.

Le Kurtheater, en bordure du Kurpark, remonte à un concours de 1939. En raison de la guerre, son architecte Lisbeth Sachs ne put en entamer la construction qu'en 1950. Le foyer du jardin entièrement vitré représente indéniablement l'élément le plus étonnant de cet ouvrage. Il réalise la transition entre espaces intérieur et extérieur, et s'avance dans le parc de l'architecte-paysagiste Gustav Ammann. Du foyer vitré, un vaste escalier conduit dans le local des spectateurs, qui peut accueillir 600 personnes. L'annexe juxtaposée ultérieurement au foyer a modifié la situation initiale, et alourdit ce bâtiment filigrane, à l'origine si bien proportionné.

Lisbeth Sachs (1914–2002) avait terminé ses études d'architecture à l'EPF Zurich en 1939. Elle a travaillé avec Alvar Aalto, Roland Rohn et Alfred Roth et fut l'une des premières architectes indépendantes de Suisse. Son Kurtheater est considéré comme le premier théâtre suisse d'importance de l'après-guerre.

Parkstrasse 20, 5400 Baden,
www.kurtheater.ch
Ab Bahnhof Baden zu Fuss 15 Minuten

1950–52 (Lisbeth Sachs, Zürich, mit
Otto Dorer, Baden), 1962 Erweiterung

Das Gemeinschaftszentrum sollte den Arbeitern der BBC laut Armin Meili (1892–1981) «Räume für einen fröhlichen und beschaulichen Feierabend» bieten. In der Tat wirkt das auf dem Hügel thronende Gebäude verspielt und unbefangen. Die ornamentale Fassade ist typisch für die Leichtigkeit der Architektur in der Nachkriegszeit. Wunderschön inszeniert ist die Wendeltreppe, welche die Arbeiter direkt vom Speisesaal nach draussen führte.

Das Gebäude wurde kürzlich umgebaut, saniert und durch eine Turnhalle und einen Schulbau erweitert. Trotz der recht grossen Eingriffe konnte das Meisterwerk des ehemaligen Landi-Direktors seinen ursprünglichen Charakter bewahren. Als Berufsfachschule füllt es sich wieder mit neuem Leben.

L'intention d'Armin Meili (1892–1981), architecte de ce centre communautaire, était de procurer aux travailleurs de BBC «des locaux pour des loisirs joyeux et paisibles à la sortie du travail». Ludique et insouciante, telle est l'impression qui émane effectivement de ce bâtiment dressé sur la colline. Sa façade ornementale est typique de l'architecture légère d'après-guerre et l'escalier hélicoïdal qui conduisait directement les ouvriers de la cantine à l'extérieur est superbement mis en scène.

L'immeuble a été récemment transformé, assaini, et complété par une halle de gymnastique et un bâtiment scolaire. Malgré l'importance des interventions, cette œuvre maîtresse de l'ancien directeur de la Landi a conservé tout son caractère. Et elle revit grâce à sa nouvelle affectation d'École professionnelle spécialisée.

26
Ehemaliges Gemeinschafts-haus der BBC AG

Am Martinsberg, 5400 Baden,
www.bbbaden.ch
Ab Bahnhof Baden zu Fuss 15 Minuten

1952–54 (Armin Meili, Zürich/Luzern), 2006 Umbau und Sanierung (Burkard, Meyer, Baden)

Zentral- und Hochschul- bibliothek LU

Sempacherstrasse 10, 6002 Luzern,
www.zhbluzern.ch
Ab Bahnhof Luzern zu Fuss zehn Minuten

1951 (Otto Dreyer, Luzern)

Fein gegliedert, zurückhaltend ornamentiert und repräsentativ – so ist der Architekturstil, der nach der Landi 1939 bei öffentlichen Bauten Verbreitung fand. In diesem Stil zeigt sich auch die bescheiden und trotzdem selbstbewusst ins Quartier eingefügte Zentralbibliothek, das wichtigste Werk des Architekten Otto Dreyer (1897–1972).

Von einer Parkanlage führt der Eingang in den Katalogsaal und weiter in den rechtwinklig dazu angelegten Lesesaal. Die beiden sorgfältig gestalteten Räume öffnen sich zu einem Innenhof. Den westlichen Abschluss zur Hirschmattstrasse bildet der geschlossene Block des Büchermagazins, dessen Betonskelett mit gitterartigen Betonelementen ausgefacht ist – das Material Beton wurde sowohl konstruktiv als auch dekorativ eingesetzt (vgl. 11). Das Gebäude wird in den nächsten Jahren saniert und das Büchermagazin umgenutzt.

Structures tout en finesse, discrétion de l'ornementation, représentativité – tel est le style architectural qui caractérise les bâtiments publics au lendemain de la Landi de 1939. La Bibliothèque centrale, intégrée avec modestie mais assurance dans le quartier, en offre un exemple. Elle constitue l'œuvre principale de l'architecte Otto Dreyer (1897–1972).

L'entrée conduit du parc dans la salle du catalogue, puis vers la salle de lecture disposée à angle droit. Les deux locaux soigneusement aménagés s'ouvrent sur une cour intérieure. L'ensemble est clos à l'ouest, sur la Hirschmattstrasse, par le bloc fermé du dépôt de livres, dont le squelette en béton s'orne d'éléments grillagés du même matériau – le béton intervient ici aussi bien dans la construction que la décoration (voir no 11). Le bâtiment sera assaini au cours de ces prochaines années, et le dépôt de livres affecté à un autre usage.

Das 13-geschossige Hochhaus auf sechseckigem Grundriss war ursprünglich als Teil einer Überbauung mit mehreren Wohntürmen geplant. Joseph Gasser (*1925) liess sich dabei von den kraftvollen Bauten und der Formensprache seines Vorbilds, dem Architekten Frank Lloyd Wright, inspirieren. Die Fassade aus vorfabrizierten Betonelementen ist im Bereich der Brüstungen ornamentiert. Durch die aussergewöhnlich grosszügigen, innen liegenden Balkone wird eine hohe Wohnqualität erreicht.
Der Werkhof der Gemeinde Littau, gleich vis-à-vis, fällt auf durch seine Beton-Schalendächer. Der bekannte Ingenieur Heinz Isler entwickelte die hier verwendeten dünnen Buckelschalen Mitte der 50er-Jahre. In der ganzen Schweiz sind hunderte von Objekten – vor allem Industriebauten – mit diesen so genannten Isler-Schalen zu finden.

Ce building hexagonal de 13 étages s'inscrivait à l'origine dans les plans d'un ensemble résidentiel de plusieurs tours d'habitation. Joseph Gasser (*1925) s'est inspiré de son modèle, l'architecte Frank Lloyd Wright, et de la puissance de ses formes et constructions. La façade de béton préfabriqué est ornée au niveau des balustrades. Les balcons intérieurs d'une extraordinaire générosité améliorent notablement la qualité de vie des habitants.
Le centre technique communal de la commune de Littau situé en face attire l'attention par ses toits en coque. Le célèbre ingénieur Heinz Isler avait développé au milieu des années 50 le procédé des coques minces en béton armé. Des centaines d'objets – avant tout des bâtiments industriels – ont été dotés dans toute la Suisse de ce dispositif qu'on appelait des coques Isler.

28
Wohnturm
Fanghöfli LU

Luzernerstrasse 150, 6014 Littau
Ab Bahnhof Luzern Bus 12 bis «Littau, Gasshof»

1960–61 (Joseph Gasser, Luzern)

Ein besonders schönes Beispiel für die Schweizer Architektur der frühen 50er-Jahre ist das Schulhaus Matt in Hergiswil am See. Der Bau von Walter H. Schaad (1902–90) und Emil Jauch (1911–62) fand sofort Aufnahme in die Architekturzeitschriften und wurde zum Vorbild für weitere Schulhausbauten. Der Einbezug der Natur, die kleinteilige Struktur und die gut belichteten Schulräume waren Ausdruck der neuen Auffassung, dass den Kindern ein einladendes, natürliches Lernumfeld geboten werden müsse (vgl. 06, 35).

Von Fachleuten besonders hervorgehoben wurde die gelungene Verbindung von Tradition und Moderne. Geschickt verbinde sich die «saubere neuzeitliche Architektur mit derjenigen der unweit gelegenen schönen alten Bauernhäuser. Auch die mit Eternitschiefer eingedeckten, schwachgeneigten glatten Dächer passen vorzüglich zum Bau und fügen sich derart in die stark bewegte Landschaft ein, dass die ruhige und geordnete Architektur als Kontrast besonders wohltuend empfunden wird.» (Alfred Roth, Werk 3/1955)

Un exemple d'architecture suisse particulièrement réussi du début des années cinquante est le bâtiment scolaire Matt à Hergiswil am See. Signé Walter H. Schaad (1902–90) et Emil Jauch (1911–62), il fut immédiatement présenté dans les revues d'architecture et repris pour d'autres écoles. L'intégration dans la nature, la structure par petites unités et le bon éclairage des locaux scolaires traduisaient le nouvel impératif dictant de procurer aux enfants un environnement d'étude attrayant et naturel (voir nos 06, 35).

Les spécialistes ont mis en évidence le rôle charnière dévolu à ce style entre tradition et architecture moderne. Il allie habilement «l'architecture moderne claire et nette et la beauté des fermes anciennes toutes proches. Même les toits faiblement inclinés recouverts de plaques d'Eternit conviennent remarquablement bien à ces bâtiments et s'intègrent si parfaitement dans le paysage mouvementé que cette architecture paisible et ordonnée est ressentie, par contraste, comme agréablement bienfaisante» (Alfred Roth, Werk 3/1955).

29

Schulhaus Matt NW

Baumgartenweg 7, 6052 Hergiswil
Ab Bahnhof Hergiswil Matt zu Fuss fünf
Minuten

1952–54 (Walter H. Schaad und
Emil Jauch, Luzern)

Hotel Rigi Kulm ^{SZ}

Im Mittelland und in den Städten führte die Hochkonjunktur Anfang der 50er-Jahre zum Bauboom. Der Heimatschutz konzentrierte sich in dieser Zeit auf die Bewahrung der unberührten ländlichen Regionen. Auf Unterstützung und breite Anerkennung konnte das Projekt zur «Säuberung des Rigi-Gipfels» zählen, das Thema des Schoggitalerverkaufs 1951 war. Es hatte zum Ziel, die Hotelbauten der Belle-Epoque sowie die Verkaufsstände abzubrechen und so den Blick aufs Alpenpanorama freizugeben.

Die abgebrochenen Bauten wurden durch das neue, die Aussicht nicht beeinträchtigende Hotel Rigi Kulm ersetzt. Der Architekt und Heimatschutz-Bauberater Max Kopp (1891–1984) bezog sich beim Neubau auf die Form alter Hospize. Aus heutiger Sicht steht das Gebäude für den Wunsch nach einer Architektur im Einklang mit der regionalen Bautradition und als Reaktion auf die drohende Verstädterung der ländlichen Gebiete.

6410 Rigi Kulm, www.rigikulm.ch
Ab Vitznau oder Arth-Goldau
Zahnradbahn bis Rigi Kulm

1952–54 (Max Kopp, Zürich), 1994
Renovation und Erweiterung mit
Veranda und Terrasse (Marques &
Zurkirchen, Luzern)

La haute conjoncture du début des années 50 fut à l'origine d'une expansion rapide des constructions sur le Plateau et dans les villes. Patrimoine suisse se concentrait alors sur la nécessité de préserver les régions rurales encore intactes. Le projet de «nettoyage du sommet du Rigi» pouvait compter sur le soutien et la reconnaissance d'une majorité de la population, et fournit même le thème de l'Ecu d'Or 1951. Le projet visait à éliminer les hôtels de la Belle-Epoque et les kiosques dressés au sommet et à dégager ainsi la vue sur le panorama alpin.

Les bâtiments démolis ont été remplacés par l'Hôtel Rigi Kulm, un bâtiment qui ne fait pas obstacle à la vue. L'architecte et conseiller de Patrimoine suisse Max Kopp (1891–1984), en concevant le nouvel hôtel, se référait à la forme des anciens hospices. Dans l'optique actuelle, cette réalisation traduit le souhait d'une architecture en harmonie avec la tradition locale et le désir de réagir à l'urbanisation des régions rurales.

Gotthardstrasse 31, 6460 Altdorf
Ab Telldenkmal Altdorf zu Fuss zehn
Minuten

Auf dem Areal der Dätwyler AG entstand ein Ensemble von Bauten, das noch heute den Aufschwung der Nachkriegszeit nacherleben lässt. Das Verwaltungsgebäude (Bild links) ist von der Strasse abgerückt. Auffallendes Element vor der einheitlichen Fassade ist das schlanke Vordach, das den Eingang kennzeichnet. Direkt an das Verwaltungsgebäude schliesst das Personalhaus (Bild rechts) mit einem dreiseitig verglasten Speisesaal an.
Roland Rohn (vgl. 50), der für die meisten Bauten auf dem Areal verantwortlich zeichnete, erweiterte zudem die Pneufabrik des Architekten Salvisberg mit einem Anbau, der durch den markanten Uhrenturm zu einem Wahrzeichen der Firma wurde.

1931/1940/1947 Pneufabrik
(Otto R. Salvisberg, Roland Rohn,
Zürich), 1956/1965 Verwaltungsgebäude
(Roland Rohn), 1965 Personalhaus
(Roland Rohn)

Sur l'aire de Dätwyler SA fut construit un ensemble qui rappelle aujourd'hui encore la relance économique de l'après-guerre. Le bâtiment administratif avec l'étroit avant-toit qui jaillit de la façade et signale l'entrée de l'immeuble est en retrait de la route (photo de gauche). A proximité immédiate du bâtiment administratif se dresse la maison du personnel (photo de droite) avec son réfectoire vitré sur trois côtés.
Roland Rohn (voir no 50), qui a signé la plupart des bâtiments de cet ensemble, a également agrandi la fabrique de pneus de l'architecte Salvisberg en lui adjoignant une annexe devenue, avec sa tour de l'horloge si marquante, l'emblème de la firme.

32

Zuger Kantonal-bank ZG

Bahnhofstrasse 1, 6300 Zug
Ab Bahnhof Zug zu Fuss zehn Minuten

1955–58 (Leo Hafner und Alfons
Wiederkehr, Zug)

Die beiden Architekten Leo Hafner (*1924) und Alfons Wiederkehr (1915–85) bauten – ganz im Sinne ihrer Zeit – mit feinem Gespür für Harmonie und Proportionen. Beim Hauptsitz der Zuger Kantonalbank fanden sie eine zweckbetonte und dennoch repräsentative Architektursprache. Das Gebäude zeigt sich zwar zeitgemäss, durch die klassische Unterteilung in Sockel, Fassade und Dach sucht es aber trotzdem einen Bezug zu den historischen Bauten der Umgebung.

Die Ausstattung entsprach dem neusten Stand der Technik. So waren die einzelnen Büros durch «Telephon, Personensuchanlage, Rohrpost und Aktenaufzüge» verbunden. Eine «Jettair-Klimaanlage» sorgte dafür, dass die Fenster nicht mehr geöffnet werden mussten und so die Sonne und der Lärm der Strasse die Angestellten nicht störte.

Les deux architectes Leo Hafner (*1924) et Alfons Wiederkehr (1915–85) construi-saient – tout à fait dans l'esprit de leur temps – avec un sens aigu de l'harmonie et des proportions. Pour le dessin du siège central de la Banque cantonale de Zoug, ils ont su trouver un langage architectural sobre et pourtant représentatif. Le bâtiment, s'il obéit aux tendances du temps, ne s'en inspire pas moins du modèle classique de la subdivision en socle, façade et toit, par référence aux bâtiments historiques des environs.

L'aménagement répondait aux derniers progrès techniques. Chaque bureau était relié au réseau de «téléphone, installation de recherche de personnes, poste pneumatique et monte-documents». Une «climatisation Jettair» dispensait d'ouvrir les fenêtres et mettait ainsi le personnel à l'abri du soleil et des bruits de la rue.

Mit dieser futuristisch anmutenden Wohnüberbauung schufen die Architekten Fritz Stucky (*1929) und Rudolf Meuli (*1928) den Prototyp einer Terrassensiedlung. Ende der 50er-Jahre war Stockwerkeigentum ungewohnt; die Terrassenhäuser richteten sich denn auch an ein aufgeschlossenes Publikum, das nach neuartigen verdichteten Wohnformen jenseits des Einfamilienhauses suchte (vgl. 17, 23).
Die Überbauung umfasst 25 Wohnungen mit grosszügigen Terrassen, die von schrägen, zum Teil zu Pflanzentrögen ausgebildeten Betonbrüstungen vor Einblick geschützt werden. Für die Grundbepflanzung wurde der Gartenarchitekt Ernst Cramer zugezogen.

Avec cet ensemble résidentiel futuriste, les architectes Fritz Stucky (*1929) et Rudolf Meuli (*1928) ont créé le prototype d'un lotissement en terrasses. A la fin des années 50, la propriété par étage était inhabituelle ; les maisons en terrasses s'adressaient à un public ouvert, intéressé par de nouvelles formes d'habitation condensée en deçà de la maison unifamiliale (voir nos 17, 23).
L'ensemble résidentiel compte 25 logements équipés de généreuses terrasses protégées des regards par des balustrades en béton obliques partiellement en forme de bacs à plantes. La végétalisation initiale avait été confiée à l'architecte paysagiste Ernst Cramer.

33
Terrassenhäuser ZG

Rothusweg 1+3, Terrassenweg 7+9,
6300 Zug
Ab Bahnhof Zug zu Fuss zehn Minuten

1958–60 (Fritz Stucky
und Rudolf Meuli, Zug)

Nuovo Palazzo del Governo ^{TI}

Piazza governo, 6500 Bellinzona
Ab Bahnhof Bellinzona zu Fuss
15 Minuten

1952–55 (Augusto Guidini jun. und
Ferdinando Bernasconi jun., Lugano)

Aus dem Wettbewerb für ein neues Verwaltungsgebäude der Tessiner Kantonsregierung ging 1949 der Entwurf der Architekten Guidini (1895–1970) und Bernasconi (1897–1975) siegreich hervor. Das in seiner Grösse beeindruckende Gebäude wurde zum Vorbild für die in dieser Zeit aufkommenden Bauten im Dienstleistungssektor.
Verbunden mit dem alten Palazzo del Governo bilden zwei über einen Querflügel miteinander verbundene Längstrakte den neuen Palazzo. Mit seiner strengen Rasterfassade strahlt das seriös und doch nicht kühl wirkende Gebäude eine Mischung aus schnörkelloser Funktionalität und klassischer Schönheit aus.

Le premier prix du concours pour un nouvel immeuble administratif du gouvernement cantonal tessinois fut attribué en 1949 à un projet des architectes Guidini (1895–1970) et Bernasconi (1897–1975). Cette construction imposante de par sa taille allait servir de modèle aux bâtiments du secteur des services en plein essor.
Attenants à l'ancien Palazzo del Governo, deux corps de bâtiment reliés par une aile transversale constituent le nouveau Palazzo. De sa façade en réseau empreinte de sévérité se dégage une impression de sériosité pourtant dépourvue de froideur, une combinaison de fonctionnalité sans fioriture et de beauté classique.

Das Schulhaus auf einem ehemaligen Exerziergelände am Nordostrand der Stadt basiert auf einem einfachen, vom strengen Ablauf des Schulbetriebs bestimmten Grundriss. Um so mehr überrascht die Anlage mit ihrer räumlichen Vielfalt. Charakteristisch für das Bauwerk sind die geneigten Dächer, die einerseits Bezug auf die regionale Bautradition nehmen und andererseits eine ideale Lichtführung ermöglichen. Alberto Camenzind (1914–2004) nahm damit zentrale Themen der damaligen Diskussion um die richtige Schulhausarchitektur (vgl. 06, 29) auf.

Das Schulhaus wurde 2004 durch einen Solitärbau in Sichtbeton (Roberto Briccola, Giubiasco) erweitert. Gleich neben dem Schulgelände beginnt die über 300 m lange Passerelle des Bagno pubblico von 1967–70, (Aurelio Galfetti, Flora Ruchat-Roncati, Ivo Trümpy), einem Schlüsselwerk der modernen Tessiner Architektur.

Ce bâtiment scolaire érigé sur un ancien terrain d'exercice à la périphérie nord-est de la ville repose sur un plan simple dicté par la séquence précise des activités scolaires. Le visiteur est d'autant plus surpris par la diversité des espaces et des locaux. Le complexe se caractérise par des toits inclinés se référant à la tradition architecturale locale, mais également propres à assurer un éclairage idéal. Alberto Camenzind (1914–2004) traitait ainsi concrètement quelques-uns des grands thèmes du débat sur le choix de l'architecture des bâtiments scolaires (voir nos 06, 29).

Le collège a été agrandi en 2004 par l'adjonction d'un bâtiment isolé en béton apparent (Roberto Briccola, Giubiasco). Immédiatement en bordure du préau se trouve l'entrée d'une passerelle de 300 m qui rejoint le Bagno pubblico de 1967–70 (Aurelio Galfetti, Flora Ruchat-Roncati, Ivo Trümpy), une œuvre maîtresse de l'architecture tessinoise moderne.

Scuola Media 1 TI

Via Lavizzari 3, 6500 Bellinzona
Ab Bahnhof Bellinzona zu Fuss
20 Minuten

1956–58 (Alberto Camenzind, Lugano)

36
Palazzo e Cinema Corso ^{TI}

Via Pioda 4, 6900 Lugano
Ab Bahnhof Lugano zu Fuss 15 Minuten

1956–58 (Rino Tami, Lugano)

«Die schöne Architektur ist jene, die schöne Ruinen macht». So äusserte sich Rino Tami (1908–94) einst. Er meinte, dass schon die Struktur, das Skelett eines Gebäudes, schön sein müsse. Beim Cinema Corso setzte er diesen Anspruch um. Die Betontragstruktur ist ein wichtiges Gestaltungsmerkmal und bereits an der Fassade ablesbar. Sie wird betont durch die Bandfenster und die Ausfachung in Sichtbackstein. Der lange Block nimmt Wohnungen, Büros und im Erdgeschoss Ladenlokale auf. Der Kinosaal im hinteren Teil wird vom Spiel geometrischer Flächen in schwarz und weiss dominiert.
Das angrenzende Gebäude «Piccionaia», ein unter Denkmalschutz stehendes Haus aus dem 15. Jh., blieb erhalten. Der neue Bau schliesst hart an den bestehenden an, der Anschlussbereich mit dem ausgleichenden Zwischenstück wird heute durch einen Anbau gestört.

«La belle architecture est celle qui donne de belles ruines» disait jadis Rino Tami (1908–94). Il entendait par là que le squelette d'un bâtiment doit être beau en soi. Une exigence satisfaite dans le cas du cinéma Corso. La structure de béton est une caractéristique marquante de la construction, déjà lisible en surface. Elle est soulignée par les fenêtres en bandeau et les garnitures en briques apparentes. Le bloc de forme allongée abrite des logements, des bureaux, et au rez-de-chaussée des magasins. La salle de cinéma, dans la partie antérieure, est dominée par un jeu de surfaces géométriques noires et blanches.
Le bâtiment attenant dit «Piccionaia», une maison du XVème siècle placée sous la protection des monuments historiques, a été préservé. La nouvelle construction est reliée à l'ancienne. L'aspect du groupe, harmonisé par un élément de jonction, a été ensuite éminemment perturbé par l'adjonction d'une annexe.

Das Werk Tita Carlonis (*1931) zeichnet sich besonders aus durch den sorgfältigen Umgang mit den Materialien und eine architektonische Form, die explizit auf die Bauaufgabe eingeht. Die Albergo Arizona öffnet sich mit vorspringenden Balkonen zum See. Der Wechsel zwischen den Mauerpartien in Backstein und dem strahlenden Weiss der Tragstruktur wirkt leicht und einladend – ein Haus, das mit seinem mediterranen Charakter ein ideales Logis für Feriengäste bietet.
Nur wenige Schritte entfernt, an der Via Tesserete 3, ist ein ähnlich ausdrucksstarkes Wohnhaus, die Casa d'appartamenti Cate von 1957–58 (Peppo Brivio, Lugano), zu finden.

L'ouvrage de Tita Carloni (*1931) se distingue par le soin apporté au traitement des matériaux et par une forme architectonique explicitement dictée par l'usage prévu. L'Albergo Arizona s'ouvre sur le lac par des balcons saillants. L'alternance des murs de brique et du blanc lumineux de la structure portante confère un aspect léger et accueillant à l'ensemble. Cette maison de caractère méditerranéenne offre des possibilités de logement idéales aux vacanciers.
A quelques pas de là, Via Tesserete 3, se dresse une maison d'habitation tout aussi marquante, la Casa d'appartamenti Cate de 1957–58 (Peppo Brivio, Lugano).

37
Albergo Arizona ^{TI}

Via Massagno 28, 6900 Lugano
Ab Bahnhof Lugano Bus 4 bis
«Vicolo Vecchio»

1957–59 (Tita Carloni mit
Luigi Camenisch, Lugano)

38
Seewerkzentrale Zervreila GR

Zervreila, 7132 Vals
Ab Bahnhof Ilanz Postauto bis
«Zervreila», das Seewerk-Areal ist
abgesperrt

1953–58 (Jachen Ulrich Könz, Guarda)

Max Frisch, Schriftsteller und Architekt, meinte 1953 kritisch, dass die schweizerische Architektur «fast überall etwas Niedliches, etwas Putziges, etwas Nippzeughaftes» habe, «etwas von der Art, als möchte die ganze Schweiz (ausser wenn sie Staumauern baut) ein Kindergarten sein». Die 150 m hohe, kühn geschwungen Staumauer der Seewerkzentrale Zervreila zeigt, wie kraftvoll und mutig die Architektur der 50er-Jahre sein konnte. Wie sie aber auch fein detailliert und baukünstlerisch überzeugend hohe Ansprüche an die Ästhetik erfüllte, führt das Kraftwerksgebäude vor. Der vor der Bogenstaumauer platzierte Bau öffnet sich mit einem leicht ansteigenden Dach, schrägen Seitenwänden und einer vollständigen Verglasung gegen Nordosten.
Mit ihrer spielerischen Leichtigkeit zeigt die Zentrale ihre Nähe zum ein paar Jahre älteren Vorbild, dem Kraftwerk Birsfelden (vgl. 24). Wie Hans Hofmann stand auch Jachen Ulrich Könz (1899–1980) dem Heimatschutz nahe. Er machte sich vor allem durch den Wiederaufbau der Dörfer Sent, Susch und der Gesamtsanierung von Guarda einen Namen.

Max Frisch, écrivain et architecte, critiquait en 1953 le fait que l'architecture suisse ait à ses yeux «presque partout quelque chose de mignon, de cocasse, genre bibelots», «comme si la Suisse tenait à se donner des airs de jardin d'enfants – sauf bien entendu lorsqu'elle construit des barrages».
Le mur de barrage de 150 m, audacieusement élancé, de la centrale électrique du lac de Zervreila montre combien l'architecture des années 50 peut être puissante et courageuse. Mais le bâtiment de l'usine illustre la capacité de cette architecture à satisfaire par ailleurs des exigences esthétiques poussées sur le plan de la finesse de détail et de la qualité artistique de la construction. Le bâtiment placé devant l'arc du mur s'ouvre au nord-est par un toit légèrement ascendant, des murs obliques et une paroi entièrement vitrée.
Avec sa légèreté ludique, la centrale évoque son modèle, plus ancien de quelques années : l'usine électrique de Birsfelden (voir no 24). Tout comme Hans Hofmann, Jachen Ulrich Könz (1899-1980) était proche de Patrimoine suisse. Il s'est notamment fait un nom par la reconstruction des villages de Sent et Susch et l'assainissement global de Guarda.

Verwaltungsgebäude und Forschungslabor der Eternit AG GL

Eternitstrasse, 8867 Niederurnen
Direkt beim Bahnhof Nieder- und
Oberurnen

1954–55/1963–64 Verwaltungsgebäude
(Max Ernst Haefeli, Werner Max Moser,
Rudolf Steiger, Zürich), 1959–60
Forschungslabor (Thomas Schmid,
Zürich)

Die Firma Eternit expandierte in den 50er-Jahren stark. In Niederurnen entstanden neue Produktionshallen, ein Verwaltungsgebäude und ein Forschungslabor, in Payerne eine Zweigstelle (vgl. 04). Nach Plänen der renommierten Architekten Haefeli, Moser und Steiger erbaut, stellte das Verwaltungsgebäude (grosses Bild) eine erste Etappe dar. Jedes Geschoss kragt über das darunter liegende heraus, die Brüstungen sind – ganz im Sinne der perfekten Reklame für die Firma – mit Eternitplatten verkleidet. Über dem Vordach des Haupteingangs prangt das Eternit-Logo (Bild oben). Der Bürotrakt wurde später westlich über die Strasse hinweg verlängert.

Das Forschungslabor (Bild unten) ist ein weiterer Blickfang auf dem Firmengelände. Die Aufgabe für Thomas Schmid bestand darin, neben dem Entwurf für ein neues Labor gleich noch ein neues Eternit-Fassadensystem zu entwickeln. Zudem sollte der Bau in jede Richtung erweitert werden können. Die vier quadratischen, ineinander verzahnten Baukörper mit den markanten Pultdächern erfüllten all diese Bedingungen, eine Erweiterung blieb aber bis heute aus.

La firme Eternit a connu une très grande expansion dans les années 50. A Niederurnen ont été construites de nouvelles halles de production, un bâtiment administratif et un laboratoire de recherche, ainsi qu'une succursale à Payerne (voir no 04). Erigé sur les plans des architectes renommés Haefeli, Moser, Steiger, le bâtiment administratif (grande photo) constituait une première étape. Chaque étage dépasse l'étage immédiatement inférieur, les balustrades – parfaite réclame pour la firme – sont garnies de plaques d'Eternit. Sur l'avant-toit de l'entrée principale trône le logo Eternit (en haut). Le bâtiment administratif a été prolongé ultérieurement à l'ouest au-delà de la route.

Le laboratoire de recherche (en bas) attire lui aussi le regard sur l'aire de la firme. Le mandat de Thomas Schmid devait remplir différentes conditions : dessiner un nouveau laboratoire, développer du même coup un nouveau système de façades en Eternit, et créer, toujours dans le cadre du même mandat, un bâtiment pouvant être agrandi de tous les côtés. Les quatre corps de bâtiment carrés encastrés les uns dans les autres et recouverts de toits à un versant remplissent toutes ces conditions. Ils n'ont toutefois jamais été agrandis à ce jour.

40
Kunsthaus
Glarus GL

Im Volksgarten, 8750 Glarus,
www.kunsthausglarus.ch
In unmittelbarer Nähe des Bahnhofs
Glarus

1951–52 (Hans Leuzinger, Zürich/
Glarus, mit Daniel Aebli, Glarus)

Zwei unterschiedlich grosse Ausstellungstrakte sind L-förmig über eine verglaste Eingangshalle miteinander verbunden. Die in den beiden Flügeln untergebrachten Säle sind manchmal von oben, manchmal von der Seite belichtet, damit sie ideale Voraussetzungen für verschiedene Ausstellungen bieten.

Das Kunsthaus beschränkt sich auf die Materialien Backstein, Beton und Glas. Es verbindet traditionelle Elemente, wie das Satteldach, mit neuzeitlich schlichten, geometrisch klaren Baukörpern. Dies entspricht ganz der Architekturauffassung Hans Leuzingers (1887–1971), der pragmatisch an die regionale Bautradition anknüpfte ohne die Errungenschaften des Neuen Bauens zu verneinen.

Deux bâtiments d'exposition de dimensions différentes sont reliés en L par une halle d'entrée vitrée. Les salles qu'abritent ces deux ailes sont éclairées parfois par le plafond, parfois latéralement, pour offrir des conditions idéales à des expositions diverses.

Le Kunsthaus se limite aux matériaux de constructions brique, béton et verre. Il combine des éléments traditionnels tels que la toiture à deux versants avec des corps de bâtiment modernes nettement géométriques. Cela correspond tout à fait au concept d'architecture de Hans Leuzinger (1887–1971), qui, tout en reprenant le fil de la tradition architecturale régionale, ne reniait en rien les conquêtes de l'époque moderne.

Das 1957 aus einem Wettbewerb hervorgegangene Projekt für die HSG steht für eine Entwicklung, die in der Folge als «Brutalismus» bezeichnet wurde. Es ist eine Architekturströmung, die sich durch Bauten in rohem Sichtbeton («béton brut») und einem entsprechend rauen, unfertigen Erscheinungsbild manifestiert. Sie fand in der Schweiz vor allem bei öffentlichen Bauaufgaben Verbreitung.

Die Anlage der HSG wirkt als formale Einheit. Sie ist eine Art begehbare Betonskulptur, die durch zahlreiche Kunstwerke innerhalb und ausserhalb der Gebäude bereichert wird. Der Geist der Bauzeit ist noch heute erlebbar, so ist zum Beispiel die Eingangshalle mit viel originalem Mobiliar ausgestattet.

Le projet issu d'un concours de 1957 pour l'Université de Saint-Gall (HSG) illustre le mouvement architectural ultérieurement qualifié de «Brutalisme» qui se manifeste par des constructions en béton brut aux apparences d'ébauches non terminées. En Suisse, les exemples de ce style sont généralement des bâtiments publics.

L'ensemble HSG présente une unité formelle. C'est une sorte de sculpture ouverte à la visite, enrichie à l'intérieur comme à l'extérieur de nombreuses œuvres d'art. L'esprit qui régnait à l'époque de sa construction est encore bien présent – par exemple dans le hall d'entrée, dont subsiste une grande partie du mobilier d'origine.

41
Hochschule für Wirtschafts- und Sozialwissen- schaften HSG SG

Dufourstrasse 50, 9000 St. Gallen,
www.unisg.ch
Ab Bahnhof St. Gallen Bus 5 bis
«Universität»

1960–63 (Walter M. Förderer, Rolf Otto,
Hans Zwimpfer, Basel)

Fabrikationshalle der Gummiband-weberei SG

Stadtbühlstrasse 12, 9200 Gossau
In unmittelbarer Nähe des Bahnhofs
Gossau

1954–55 (Heinrich Danzeisen und
Hans Voser, St. Gallen,
mit Ing. Heinz Hossdorf, Basel)

Um den Fabrikbetrieb zu rationalisieren, sollte die neue Fabrikhalle der «Goldzack»-Gummibandweberei in Gossau stützenfrei, preisgünstig und regelmässig belichtet sein. Diese Bedingungen konnten durch eine neuartige Konstruktionsweise erfüllt werden: Die Architekten Danzeisen (*1919) und Voser (1919–92) schlugen geneigte Zylinderschalensegmente vor, die aneinander gereiht sichelförmige Öffnungen für den indirekten Lichteinfall entstehen lassen.

Für die Verwirklichung des Projektes wurde der Ingenieur Heinz Hossdorf (*1925) beigezogen. Sein Lösungsvorschlag sah vor, die Schalen im Bereich der Öffnungen durch ein Fachwerk aus Stahlrohren zu stärken. Dank dieser Verbindung von Ortbetonschalen und Stahlfachwerk wurde die Konstruktion schlank und bezahlbar. Es entstand eine sowohl formschöne, wie auch ingenieurtechnisch überzeugende Fabrikhalle. Die sieben Betonschalen, die mit Welleternit eingedeckt sind, messen am Scheitel nur 7 cm.

Pour rationaliser les activités de la fabrique, le mandat exigeait que la nouvelle halle de fabrication des Ateliers de tissage d'élastiques «Goldzack» à Gossau ne soit pas encombrée par des piliers, qu'elle soit par ailleurs peu coûteuse et régulièrement éclairée. Un nouveau mode de construction allait permettre de satisfaire de telles conditions : les architectes Danzeisen (*1919) et Voser (1919–92) proposèrent des segments de coque cylindriques obliques disposés en éventail de manière à laisser passer la lumière au niveau de leur plus grande section.

Pour la réalisation du projet, ils eurent recours à l'ingénieur Heinz Hossdorf (*1925). Sa solution consistait à renforcer les cylindres au niveau des ouvertures par des structures métalliques en tubes d'acier. Grâce à cette combinaison de coques en béton préparées sur place et de structures en acier, la construction resta simple et d'un prix abordable. Et il en résulta une halle de fabrique de belle forme et convaincante sur le plan de l'ingénierie. Les sept coques de béton revêtues d'Eternit ondulé ne présentent au sommet qu'une épaisseur de 7 cm.

43
Kursaal ^{AR}

Heiden erlebte bis zum ersten Weltkrieg eine Blütezeit als Kurort. Parkanlagen mit Promenaden und Schattenplätzen sowie eine Kurhalle im maurischen Stil wurden für die zahlreichen Gäste aus ganz Europa errichtet. Die Kurhalle genügte in den 50er-Jahren den Anforderungen nicht mehr und wurde durch den heutigen Kursaal ersetzt.
Das aus einem Wettbewerb siegreich hervorgegangene Projekt von Otto Glaus (1914–96) nimmt Bezug zum Stil des Neuen Bauens der 30er-Jahre. Die Höhe des grossen Saalbaus wird gemildert durch einzelne angegliederte Bauteile und eine in die Parkanlage hinausgreifende Pergola. Die Betonstruktur der Pergola scheint über der grosszügigen Terrasse mit Gartenrestaurant und Orchesterbühne zu schweben. In nächster Zukunft soll der Kursaal saniert und modernisiert werden.

Jusqu'à la Première guerre mondiale, Heiden connut une période florissante de station balnéaire. Des parcs avec promenades et places ombragées et une halle de cure de style mauresque furent aménagés ici pour accueillir d'innombrables hôtes de toute l'Europe. Mais au bout de 50 ans, la halle de cure ne répondait plus aux exigences modernes et fut remplacée par la salle de cure (Kursaal) actuelle.
Le projet lauréat du concours fut celui d'Otto Glaus (1914–96), qui se réfère au style du Neues Bauen des années 30. La hauteur de la grande salle est atténuée par la présence de quelques éléments de construction accolés et par une pergola qui s'avance dans le parc. La structure en béton de la pergola semble planer au dessus d'une vaste terrasse avec son jardin-restaurant agrémenté d'un podium d'orchestre. Le Kursaal sera prochainement assaini et modernisé.

Seeallee 3, 9410 Heiden
Ab Bahnhof Heiden zu Fuss zehn Minuten

1957 (Otto Glaus, Zürich/Heiden)

In den 50er- und 60er-Jahren wurden in der Schweiz so viele Kirchen gebaut wie in keiner anderen Epoche. Die Bauten dieser Zeit sind architektonisch vielfältig und oft innovativ. Sehr starken Einfluss auf die Kirchenarchitektur übte Le Corbusier mit seiner Wallfahrtskapelle in Ronchamp (1953–55) aus. Auch der junge Ernest Brant-schen (1922–94), der 1958 den Wettbewerb für den Kirchenneubau in Sulgen gewann, verwendete die skulpturale Formensprache Le Corbusiers. Das weisse Gebäude mit mächtigem Turm und einwärts geneigter Fassade wartet im Kirchenraum mit einer eindrücklichen, je nach Lichteinfall wechselnden Stimmung auf.
Ein weiteres herausragendes Beispiel für die Baukunst Brantschens ist die Kirche St. Gallen-Winkeln, die mit dem abenteuerlichen Schalendach des Ingenieurs Heinz Hossdorf (vgl. 42) formal und konstruktiv überzeugt.

Il s'est construit plus d'églises en Suisse dans les années 50 et 60 qu'à aucune autre époque. Ces créations sont d'une grande diversité architectonique et souvent innovatrices. Le Corbusier a profondément influencé l'architecture ecclésiastique avec sa chapelle de pèlerinage de Ronchamp (1953–55). Le jeune Ernest Brantschen (1922–94) qui, en 1958, remporta le concours pour une nouvelle église à Sulgen, se servit lui aussi du langage formel sculptural de Le Corbusier. Ce bâtiment blanc flanqué d'une puissante tour, avec façade inclinée vers l'intérieur, crée dans la nef une ambiance étonnante, qui varie au gré des heures et de la lumière.
Un autre remarquable exemple de l'art architectural de Brantschen est l'église de Saint-Gall-Winkeln qui, recouverte de l'audacieux toit en coque de l'ingénieur Heinz Hossdorf (voir no 42), convainc aussi bien par sa forme que par la nature de sa construction.

44

Katholische Kirche St. Peter und Paul TG

Rebbergstrasse 16, 8583 Sulgen
Ab Bahnhof Sulgen zu Fuss fünf Minuten

1959–61 (Ernest Brantschen
und Alfons Weisser, St. Gallen),
2001 Aussenrestaurierung

45
Saurerhochhaus ^{TG}

Das Saurerhochhaus in Arbon greift wie viele Bauten der späten 50er- und der 60er-Jahre Le Corbusiers Unité d'Habitation auf (vgl. 07, 09). Das scheibenförmige, auf Stützen gestellte Wohngebäude wurde für die Angestellten der Saurer AG in einem Park errichtet. Die über einen Laubengang erschlossenen Wohnungen mit halbgeschossig versetzten Zimmern sind noch heute beliebt. Vor wenigen Jahren wurde das Haus sorgsam saniert (Imhof & Roth, Kreuzlingen).

Georges-Pierre Dubois (1911–83), der einige Jahre bei Le Corbusier gearbeitet hatte, war verantwortlich für viele Bauten der Saurer AG, der sein Bruder als Direktor vorstand. Für die Lastwagen- und Textilmaschinenfabrik, die ab Ende der 50er-Jahre den mittlerweile legendären LKW «2DM» produzierte, baute er mit seinem Büropartner Jakob Eschenmoser ab 1940 Industrie- und Verwaltungsbauten von hoher Qualität.

La Tour Saurer à Arbon évoque, tout comme de nombreux bâtiments des années 50 et 60, l'Unité d'Habitation de Le Corbusier (voir nos 07, 09). Ce bâtiment étroit et élancé, qui repose sur des piliers, a été construit dans un parc pour le personnel de Saurer SA. Les logements accessibles par des coursives extérieures, avec chambres surélevées d'un demi-étage, sont recherchés aujourd'hui encore. La maison a été soigneusement assainie il y a quelques années (Imhof & Roth, Kreuzlingen).

Georges-Pierre Dubois (1911–83), qui avait travaillé quelques années chez Le Corbusier, a signé de nombreux ouvrages pour Saurer SA, dont son frère était directeur. A partir de 1940, il a construit avec son partenaire de bureau Jakob Eschenmoser des bâtiments industriels et administratifs de grande qualité pour cette fabrique de poids lourds et de machines textiles, productrice depuis la fin des années 50 du légendaire camion «2DM».

Brühlstrasse 63, 9320 Arbon
Ab Bahnhof Arbon zu Fuss 20 Minuten

1960 (Georges-Pierre Dubois, Fribourg)

Wohnhaus mit Kino Cinevox SH

Poststrasse 33,
8212 Neuhausen am Rheinfall
Ab Bahnhof Neuhausen zu Fuss
zehn Minuten

1957 (Max Bill, Zürich)

Der Künstler und Architekt Max Bill (1908–94) verwirklichte bei diesem Wohnhaus mit Kino sowohl die Architektur als auch das Interieur, die Farbgebung, ja sogar den Schriftzug nach seinen Vorstellungen. Das Kino musste im Jahr 2000 seinen Betrieb einstellen. Es wird heute von jungen Tänzerinnen und Tänzern als Ausbildungsort und Tanztheater genutzt.
Vor kurzer Zeit wurde das schnörkellose Gebäude zurückhaltend saniert. Der Originalbestand ist zu grossen Teilen erhalten und die Farben im Foyer leuchten wie zu ihrer besten Zeit. Prunkstück ist der Vorhang vor der Leinwand, der als genaue Kopie des bis heute erhaltenen Originals in kraftvollen Farben erstrahlt.

Dans le cas de ce bâtiment d'habitation avec cinéma, tout était sorti des mains de l'artiste et architecte Max Bill (1908–94), l'architecture, mais aussi l'aménagement intérieur, le choix des teintes et jusqu'aux caractères de l'enseigne. Le cinéma a dû fermer en 2000, mais il est utilisé aujourd'hui par de jeunes danseuses et danseurs comme lieu de formation et de représentation
Cet immeuble dépourvu de fioritures a été récemment rénové avec grande retenue. L'état original est en grande partie conservé et les teintes du foyer rayonnent comme au premier jour. La pièce maîtresse de la scène est le rideau, dont une copie absolument conforme à l'original (conservé jusqu'à aujourd'hui) rayonne de toutes ses teintes éclatantes.

Wohnsiedlung Heiligfeld und Hochhäuser am Letzigraben ZH

Brahmsstrasse/Letzigraben/
Badenerstrasse, 8003 Zürich
Ab Zürich Hauptbahnhof Tram 2
bis «Letzigrund»

1950–55 (Albert Heinrich Steiner,
Zürich)

In der Siedlung Heiligfeld sind Hochhäuser mit Kleinwohnungen, Laubenganghäuser mit mittelgrossen Wohnungen und niedrige Blöcke mit Geschosswohnungen rund um einen weiten Grünraum gruppiert. Jede Wohnung bietet einen optischen Bezug zur Parkanlage, die von den Landschaftsarchitekten Gustav und Peter Ammann (vgl. 25) gestaltet wurde. Die Siedlung des Zürcher Stadtbaumeisters Albert Heinrich Steiner (1905–96) errang mit ihrer guten Durchmischung rasch eine Vorbildfunktion für städtisches Wohnen.

Den beiden Hochhäusern mit Y-förmigem Grundriss kam besondere Aufmerksamkeit zu, denn sie waren mit ihren zwölf Geschossen die ersten Wohntürme der Stadt. Sie fanden rasch Nachfolger und standen somit am Anfang einer anhaltenden Diskussion über Sinn und Unsinn von Hochhäusern. Während Max Frisch, der Erbauer des nahe gelegenen Freibads Letzigraben (1947–49), das Hochhaus in der Grossstadt zum Ausdruck moderner Lebensform und zeitgenössischen Bauens schlechthin erklärte (vgl. 38), befürchteten andere, dass die ganze Schweiz verstädtere und mit solchen Gebäuden überbaut werde.

Dans l'ensemble résidentiel de Heiligfeld, les tours abritant les petits logements, les maisons à coursives des logements de taille moyenne et les bâtiments avec appartements de tout un étage sont groupés autour d'un espace de verdure. Chaque logement donne sur le parc, aménagé en son temps par les architectes paysagistes Gustav et Peter Ammann (voir no 25). Avec son mélange démographique bien dosé, la cité résidentielle d'Albert Heinrich Steiner (1905–96), architecte de la Ville de Zurich, n'a pas tardé à servir de modèle pour l'habitation urbaine en général.

Les deux tours en Y ont été particulièrement remarquées, car avec leurs 12 étages, elles étaient les premiers gratte-ciel de la ville. Rapidement imitées, elles ont donné lieu à une discussion prolongée sur le bien-fondé ou l'absurdité des tours d'habitation. Tandis que Max Frisch, l'architecte des bains de plein air du Letzigraben (1947–49), déclarait que la tour d'habitation des grandes villes était l'expression d'une forme de vie moderne et la caractéristique principale de la construction contemporaine, d'autres craignaient que toute la Suisse ne s'urbanise et ne se recouvre de tels bâtiments.

Kantonsschule Freudenberg ZH

Steinentischstrasse 10, 8002 Zürich,
www.kfr.ch
Ab Bahnhof Zürich Enge zu Fuss
fünf Minuten

1956–60 (Jacques Schader, Zürich),
1993–2000 Gesamtsanierung

Die Kantonsschule gehört zu den bedeutendsten Bauwerken, die nach dem Zweiten Weltkrieg in der Schweiz entstanden sind. Sie gilt als Anfang einer Wiederbelebung der klassischen Moderne mit der Abkehr von der Rasterfassade und der verspielten Leichtigkeit der 50er-Jahre.
Dank der Lage auf dem Moränenhügel der einstigen Villa Freudenberg wird die grosszügige Anlage oft als Akropolis des Lernens bezeichnet. Mit welcher Raffinesse der Architekt Jacques Schader (1917–2007) die klaren Baukörper der Kantonsschule auf dem terrassierten Plateau zueinander in Beziehung setzte und sie in die Parkanlage mit altem Baumbestand einbettete, weckt noch heute Bewunderung.

L'Ecole cantonale Freudenberg compte parmi les plus remarquables réalisations architecturales de l'après-guerre en Suisse. Elle est considérée comme l'ouvrage qui a marqué le renouveau de l'époque classique moderne, avec l'abandon des façades structurées et de la légèreté ludique des années 50.
Grâce à sa situation sur la colline morainique où se dressait autrefois la Villa Freudenberg, elle est souvent qualifiée d'Acropole de l'étude. Le raffinement avec lequel l'architecte Jacques Schader (1917–2007) a distribué les corps de bâtiment clairement dessinés de l'Ecole cantonale sur le plateau en terrasse et dans le parc planté d'anciens arbres suscite aujourd'hui encore l'admiration.

Das schlanke Hochhaus für das Personal des Kantonsspitals (heute Universitätsspital) löste eine Debatte darüber aus, ob an dieser Lage und für diese Aufgabe ein solches Gebäude angemessen sei (vgl. 47). Jakob Zweifel (*1921) verzichtete bewusst auf kleinteilige Elemente, die aus der Distanz kleinlich wirken könnten. Er konzentrierte sich mit vertikalen Bändern in Sichtbeton kühn auf die Betonung der Höhe und auf ausgewogene Proportionen.

Zu einer Aufzählung der schönsten Bauten der 50er-Jahre gehört auch das Kantonsspital. Der Gebäudekomplex von 1942–53 (Haefeli, Moser, Steiger, u. a.) in Sichtweite des Schwesternhochhauses ist ein Meilenstein im Spitalbau. Die einheitlich gestalteten einzelnen Bauten setzen sich zu einem Ganzen zusammen, das im Innern die Stimmung eines Wohnzimmers und nicht die eines kühlen Spitals zu vermitteln versucht.

Le bâtiment élancé de la tour des infirmières de l'actuel Hôpital universitaire a suscité le débat sur l'opportunité d'ériger un bâtiment de ce type dans cette situation et pour cette utilisation (voir no 47). Jakob Zweifel (*1921) renonçait consciemment ici à tous les détails qui, vus de loin, auraient pu paraître trop petits. Il s'est concentré audacieusement, par le recours à des bandes verticales de béton apparent, sur une mise en évidence de la hauteur, et sur l'équilibre des proportions.

Dans le cadre d'une énumération des plus beaux bâtiments des années 50, on ne saurait omettre de mentionner l'Hôpital cantonal. Ce complexe de bâtiments de 1942–53 (Haefeli, Moser, Steiger et al.) proche de la tour des infirmières constitue un jalon dans le domaine de la construction hospitalière. Les différents bâtiments constituent un ensemble dont l'espace intérieur cherche à recréer l'ambiance d'un local de séjour familier exempt de la froideur habituelle d'un hôpital.

49
Schwestern-hochhaus Kantons-spital ZH

Plattenstrasse 10, 8032 Zürich
Ab Zürich Hauptbahnhof Tram 6 bis «Platte»

1956–59 (Jakob Zweifel, Zürich), 1993 Umbau und Sanierung

Verwaltungs- gebäude der Zellweger AG ^ZH

Wilstrasse 11, 8610 Uster
Ab Bahnhof Uster Bus 815/816 bis «Wil»

1959–61 (Roland Rohn, Zürich), 1997
Renovation (Pfister und Schiess, Zürich)

Umgeben von Bäumen und idyllisch an einem Weiher gelegen, ist das Verwaltungs- gebäude der Zellweger AG ein wahres Schmuckstück. Wie Natur und Architektur miteinander verknüpft werden, ist besonders am achteckigen Ausstellungspavillon zu sehen, der sich auf Stützen gestellt im Wasser spiegelt und zu schweben scheint. Dieser vor dem Hauptgebäude platzierte, vollständig verglaste Bau diente ursprüng- lich der Präsentation der Firmenprodukte. Seit der geglückten Renovation wird er als Sitzungsraum genutzt.
Roland Rohn (1905–71) baute in erster Linie für grosse Schweizer Industrieunterneh- men (vgl. 31). Nachdem er das Büro von Otto R. Salvisberg (1882–1940) übernommen hatte, wurde er unter anderem mit der Erstellung der Sitze der Brown Boveri (Baden und Birrfeld), der Aufzugsfabrik Schindler (Ebikon) und der Hoffmann-La Roche (Basel) beauftragt. Mit seinem umfangreichen Werk ist er einer der prägenden Architekten der Schweizer Nachkriegsmoderne.

Entouré d'arbres et d'un étang idyllique, le bâtiment administratif de Zellweger SA est un véritable bijou. Un mariage de la nature et de l'architecture, à l'exemple de ce pavillon d'exposition orthogonal sur pilotis qui se reflète dans l'eau et semble planer au-dessus de la surface. Situé en face du bâtiment principal, entièrement vitré, il servait à l'origine à la présentation des produits de la firme. Depuis sa rénovation réussie, il est utilisé comme local de séance.
L'architecte Roland Rohn (1905–71) travaillait surtout pour de grandes entreprises industrielles suisses (voir no 31). Après avoir repris le bureau d'Otto R. Salvisberg (1882–1940), il fut notamment chargé de dessiner le siège de Brown Boveri (Baden et Birrfeld), de la fabrique d'ascenseurs Schindler (Ebikon) et de Hoffmann-La Roche (Bâle). La liste de ses réalisations en fait l'un des architectes les plus marquants de l'architecture moderne d'après-guerre en Suisse.

Literaturauswahl
Bibliographie

Hans Volkart, Schweizer Architektur, 1951.

Alfred Altherr, Neue Schweizer Architektur, 1965

Christoph Luchsinger (Hrsg.), Hans Hofmann. Vom Neuen Bauen zur Neuen Baukunst, Zürich 1985

Bernhard Furrer, Aufbruch in die fünfziger Jahre/Départ dans les années cinquante, 1995

Christa Zeller, Schweizer Architekturführer/Guide d'architecture suisse, 1920-1995, 1996

Christoph Allenspach, Architektur in der Schweiz, Bauen im 19. und 20. Jahrhundert, 1998

Isabelle Rucki, Architektenlexikon der Schweiz – 19./20. Jahrhundert, 1998

Isabelle Charollais, Jean-Marc Lamunière, Michel Nemec, L' architecture à Genève, 1919–1975, 1999

Walter Zschokke, Michael Hanak, Nachkriegsmoderne Schweiz, 2001

Hochbaudepartement der Stadt Zürich, Amt für Städtebau, Baukultur in Zürich, 2002-07

Markus Friedli/Hochbauamt des Kantons Thurgau, Bauen im Thurgau: Architekturlandschaft des 20. Jahrhunderts, 2003

Madlaina Bundi (Hg.), Erhalten und gestalten. 100 Jahre Schweizer Heimatschutz, 2005

Roland Wälchli, Impulse einer Region: Solothurner Architektur 1940-1980, 2005

Bruno Thüring/Basler Denkmalpflege/Heimatschutz Basel, Baukultur entdecken – Die Architektur der 1950er und 1960er Jahre in Basel, 2007

Impressum

HERAUSGEBER/EDITEUR
Schweizer Heimatschutz (SHS)
Patrimoine suisse
Postfach
8032 Zürich
T 044 254 57 00
F 044 252 28 70
www.heimatschutz.ch
www.patrimoinesuisse.ch

KONZEPT UND TEXT/CONCEPT ET TEXTE
Peter Egli (Schweizer Heimatschutz/Patrimoine suisse)

ÜBERSETZUNG/TRADUCTION
Sophie Clerc, Bern

ABBILDUNGSNACHWEIS/PHOTOS
Dominique Marc Wehrli (www.wehrlimueller.ch): Bild Titel- und Umschlagseite, 01, 03, 04, 07, 12, 15, 17, 18, 19, 22, 38, 42, 47, 48, 49, 50
Schweizer Heimatschutz/Patrimoine suisse: Bild Seite 7, 02, 05, 06, 09, 10, 13, 14, 16, 20, 23, 24, 25, 27, 28, 29, 30, 31 (links), 32, 34, 35, 36, 37, 39, 40, 41, 44, 45
Isabelle Claden, Genève: 08
Pierre Montavon (Ville de Delémont): 11
Bruno Thüring (Basler Denkmalpflege): 21
Roger Frei (www.rogerfrei.com): 26
Christof Hirtler, Altdorf: 31 (rechts)
Christian Schwager, Winterthur: 33
Roman Arpagaus, Heiden: 43
Nicolas Contesse, Glattfelden: 46

GESTALTUNG/GRAPHISME
Fauxpas Grafik, Zürich

VERKAUFSPREIS/PRIX DE VENTE
CHF 12.—

Zürich, 2007

ISBN 978-3-033-01433-6

Über den Schweizer Heimatschutz
A propos de Patrimoine suisse

Der Schweizer Heimatschutz (SHS) ist die führende Schweizer Non-Profit-Organisation im Bereich Baukultur. Wir sind ein Verein mit 22 000 Mitgliedern und Gönnern und bestehen seit 1905 als Dachorganisation von heute 25 kantonalen Sektionen. Wir setzen uns dafür ein, dass Baudenkmäler aus verschiedenen Epochen vor dem Abbruch bewahrt werden und weiterleben. Wir fördern aber auch zeitgemässe, gute Architektur bei Neubauten. Weiter informieren wir die Bevölkerung mit unseren Publikationen über die Schätze der Schweizer Baukultur. Jährlich verleihen wir einer Gemeinde den Wakkerpreis für ihre vorbildlichen Leistungen in der Siedlungsentwicklung und den Schulthess-Gartenpreis für solche im Gebiet der Gartenkultur. Mit dem Verkauf des Schoggitalers unterstützen wir seit Jahrzehnten wegweisende Projekte in Heimat- und Naturschutz.
www.heimatschutz.ch

SCHWEIZER HEIMATSCHUTZ
PATRIMOINE SUISSE
HEIMATSCHUTZ SVIZZERA
PROTECZIUN DA LA PATRIA

Patrimoine suisse est la première organisation à but non lucratif du domaine de la culture architecturale. Nous sommes une association de 22 000 membres et donateurs qui a été créée en 1905 en tant qu'organisation faîtière de 25 sections cantonales. Nous nous engageons pour préserver de la démolition et faire revivre des monuments architecturaux de différentes époques. Nous favorisons aussi le choix d'une architecture moderne de qualité lors de la construction de nouveaux bâtiments. Par nos publications, nous informons la population sur les trésors du patrimoine architectural suisse. Nous décernons chaque année le Prix Wakker et le Prix Schulthess des jardins. Avec le produit de la vente de l'Écu d'Or, nous soutenons depuis des décennies des projets exemplaires de protection du patrimoine et de la nature.
www.patrimoinesuisse.ch